WOSCHOFIUS

DAS BUCH DER STRAFEN
TEIL 2

365 erotische Aufgaben und Strafen

2. Auflage Dezember 2019
Titelbild: Nicole Laka, nach einer Idee von M. Redon unter Verwendung eines Bildes von Bettie Page, zur Verfügung gestellt von PaigeTrust Inc.

Satz: nimatypografik

ISBN: 978-3-944154-50-3

Möchtest du über unsere Neuheiten auf dem Laufenden bleiben? Oder möchtest du uns sagen, wie Dir das Buch gefallen hat? Sende uns eine E-Mail an top@salax-verlag.de. Wir freuen uns!

Salax | Postfach 1313 | 64703 Erbach

www.salax-verlag.de

VORWORT

Dieses Buch ist der zweite Band meiner Handbücher über erotische Szenarien, Aufgaben und Strafen.
Unter «Strafen» werden hier Aktionen beschrieben, die sich schwerpunktmäßig auf BDSM-Beziehungen beziehen. Hierbei wird ein vereinbartes (freiwilliges) Machtgefälle genutzt, um Fantasien mit Lust, Schmerz und Demütigung lustvoll auszuleben.
Dieses Buch gliedert sich in reale und virtuelle Spiele, sowie in Outdoor-, Party- und Indoor-Aktivitäten.
Bei dem Teil der Aufgaben die virtueller Natur sind, muss die betreffende Person Aufgaben erfüllen und das Ergebnis dann via Skype, Mail oder SMS/MMS/PN als Fotobeweis an den Aufgabensteller übermitteln.
Die Beschreibungen, die in diesem Buch zu finden sind, sind wie kleine «Kochrezepte» zu verstehen, welche die notwendigen Utensilien und Mitspieler, den Aufwand, die Risiken und natürlich den genauen Ablauf wiedergeben.
Manche Spiele sind lustvoll, andere eher peinlich, weshalb sie Überwindung kosten, und wieder andere haben als tragendes Element (erotische) Schmerzreize.

Ich hoffe, Euch einige Anregungen geben zu können, möchte aber darauf hinweisen, dass ich keine Haftung für euer Tun übernehme und euch dazu auch nicht auffordere. Geht mit gesundem Menschenverstand an die Sache heran, macht nur Dinge, die ihr könnt und beherrscht, zwingt niemanden zu etwas und achtet auf eure Sicherheit und darauf, dass ihr niemanden belästigt.

Bevor ihr irgendetwas in diesem Bereich ausprobiert bitte ich euch, dass ihr euch vorher erkundigt, was, wie, wo und wann funktioniert, ohne das es zu Verletzungen kommt. Hierzu gibt es im ersten Band dieser Buchreihe reichhaltige Hinweise.
Nun bleibt mir nur noch, euch viel Spaß beim Lesen, Entdecken und Ausprobieren zu wünschen!

Woschofius

INHALTSVERZEICHNIS

ZUM GEBRAUCH DES BUCHES

Vorab ein paar Worte zum Gebrauch des Buches.
Am Anfang jeder Aufgabe beziehungsweise Strafe steht eine Kurzzusammenfassung, deren Inhalt folgende Bedeutung hat:

	Thema		
Geschlecht	Männlich	Weiblich	Egal
Utensilien	Beschreibt die benötigten Utensilien		
Mitspieler (Bsp.)	nur der Partner	Paar	möglichst viele
Aufwand (Bsp.)	20 min	beliebig	evtl. über Wochen
Kosten	keine	wenig	mittel
	hoch		
Umfeld	Outdoor	Indoor	Erotikparty
	Virtuell	Freibad	Egal
Schwierigkeitsgrad	1	2	3
Kategorie	Schmerzhaft	Lustvoll	Peinlich
	Ekelig	Ärgerlich	Anstrengend
	Aufregend	Beängstigend	Demütigend
	Unangenehm	Gemein	Diverse
	Schwierig		

Daraufhin folgt eine ausführliche Beschreibung der Aufgabe bzw. Strafe.

Der Schwierigkeitsgrad ist natürlich personenabhängig sehr unterschiedlich. Was für den einen leicht ist, ist für den anderen schon mit großer Überwindung verbunden. Trotzdem habe ich eine Kategorisierung eingeführt, um eine grobe Einschätzung anzugeben.
Der Einfachheit halber spreche ich von nun an nur noch von Aufgaben, da der Übergang zur Strafe ja fließend ist.
Zudem habe ich mich dazu entschlossen, immer in der männlichen Form von «der Person» zu schreiben. Dies ist nicht genderkonform, erhöht aber die Lesbarkeit der Texte.

AUFGABEN UND STRAFEN

Kommen wir nun also endlich zu den Aufgaben und Strafen. Der Einfachheit halber spreche ich ab sofort nur noch von Aufgaben. Aufgaben und Strafen haben ja durchaus einen ähnlichen Charakter und eine Strafe kann ja auch das Erfüllen einer Aufgabe sein. Die Aufgaben sind als Anregung zu verstehen und können individuell angepasst und erweitert werden. Führt nur solche Aufgaben durch, bei denen ihr euch wohl fühlt und die ihr technisch kontrollieren könnt.

Bitte beachtet, dass ich euch nicht dazu auffordere, diese Aufgaben und Strafen zu erfüllen. Ob, und wenn ja, was ihr davon erfüllen wollt, ist und bleibt eure Entscheidung.

Ein weicher Einstieg

Ich habe die verschiedenen Aufgaben und Strafen in Kategorien aufgeteilt und will logischerweise mit den eher leichteren und softeren beginnen.

Diese Aufgaben und Strafen siedeln sich mehr im heimischen Umfeld an und können in trauter Zweisamkeit oder auch zum Testen alleine erfüllt werden. Sie adressieren sich daher auch eher an den Einsteiger und die Neugierigen unter Euch.

Bei diesen Aufgaben benötigt man keine große Überwindung, der Lust-Schmerzreiz ist geringer und die lustvolle Demütigung hält sich noch in Grenzen.

Weitere Kategorien sind dann:

- Jetzt geht es richtig zu Sache
- Jetzt wird es ekelig
- Outdoor- Die Lust am erwischt Werden
- Fremde Haut- Mitspieler erwünscht

Und nun folgt ...

#1 PEINLICHE PUSSY- ODER SCHWANZBILDER

Digitalkamera oder Smartphone

Bei dieser Aufgabe muss die Person ihre Beine weit öffnen und Pornobilder ihres Geschlechts fotografieren. Handelt es sich um eine Frau, muss die Scham gespreizt werden, ist der Betroffene hingegen männlich, so muss der Penis erigiert sein. Doch dieses Mal werden die Fotos nicht an den Partner (siehe Band 1) verschickt, sondern an eine fremde E-Mail-Adresse. Und sie bekommt auch bald eine Antwort ... Natürlich kann der Aufgabensteller selbst hinter dieser fremden E-Mail-Adresse stecken. Möglich wäre allerdings auch, dass es ein Freund des Aufgabenstellers ist. Die Bilder werden natürlich auch kommentiert (abfällig, bewundernd, etc.). Ob man am Schluss auflöst, wer der «Fremde» war, bleibt dem Aufgabensteller überlassen.

#2 KEUSCH HALTEN

EGAL

Keuschheitsgürtel

Schon beim Lesen der ganzen Aufgaben kann es dazu kommen, dass man Lust bekommt. Keusch zu sein ist erst einmal nicht ganz so schwierig. Ein paar Stunden oder einige Tage hält man das schon aus. Bekommt man allerdings zusätzliche Reize, die die eigene Lust immer mehr entfachen, wird es immer schwerer.

Die Person muss sich beispielsweise selbst befriedigen, darf aber nicht kommen. Oder aber man reizt die Person so lange, bis sie kurz vor dem erlösenden Orgasmus steht, verweigert ihr diesen aber. Weitere «nette» Möglichkeiten bieten sich darin, die Person Pornofilme anschauen zu lassen, sich in ihrem Beisein zu befriedigen oder aber gar vor ihren Augen Sex mit einer anderen Person zu haben. Man könnte sogar mit der Person selbst solange Sex haben, bis sie kurz vor dem Orgasmus steht. Die Möglichkeiten, die Lust einer Person solange anzufachen, bis sie kurz vor der Explosion steht, sind nahezu unbegrenzt. Wie sagt man so schön: An dieser Stelle sind der Phantasie keine Grenzen gesetzt.
Kann man nicht die ganze Zeit zugegen sein, kann ein Keuschheitsgürtel ein sinnvolles Hilfsmittel sein. Der Keuschheitsgürtel verhindert, dass die Person sich bei Abwesenheit des Aufgabenstellers «erleichtert», sprich selbst befriedigt. Diese gibt es mittlerweile in den meisten gut sortierten Sexshops oder Onlineshops sowohl für Männer, als auch für Frauen zu kaufen. Alternativ kann man auch die erogenen Zonen mit einem Edding anmalen. Ist die Farbe nach der Rückkehr verschwunden, hat er wohl seinen Fingern freien Lauf gelassen. Am besten besorgt ihr euch dafür eine spezielle und seltene Farbe, nicht dass die Person nachpinselt, wenn die Farbe abgerubbelt wurde.

#3 NERVENRAD

Ein Nervenrad

Bei dieser Strafe wird ein sogenanntes Nervenrad (Wartenbergrad) eingesetzt, um punktuell Schmerzreize zu verabreichen. Dieses

Werkzeug erhält man im Medizinbedarf, im Onlinehandel oder auch in vielen Erotikshops.
Es nennt sich auch Wartenberg Nadelroller und es gibt Ausführungen mit einem oder drei Nadelrädern. Bitte probiert die Wirkung vorher an euch selbst aus. Mit den vielen kleinen Nadeln kann man herrlich an den sensiblen Körperstellen spielen. Gerade Brustwarzen, der Mund und der Genitalbereich sind dafür gut geeignet.

#4 DER MANN IN FRAUENKLEIDERN

Passende Kleidung

Bei dieser Aufgabe muss die Person Frauenkleidung anziehen und sich wie eine Frau schminken. Natürlich hat sie auch High Heels und Strümpfe zu tragen, und sich wie eine Frau zu bewegen.
Ein Foto davon kann sie dann per E-Mail versenden, sollte die Aufgabe virtuell gestellt worden sein.
Auf Erotik- oder BDSM-Partys ist es auch kein Problem, so bekleidet herumzulaufen.

Risiken: Keine, außer bei Outdoor (Erregung öffentlichen Ärgernisses)

#5 DER GIPSABDRUCK

Gipsbandage/Mull, Spachtelmasse

Bei dieser Aufgabe muss die Person einen Gipsabdruck ihrer Scham herstellen. Hierzu besorgt man sich in einer Apotheke oder im Medizinbedarf Gipsbinden. Das sind Mullbinden, die bereits mit Gips «durchtränkt« sind. Die Scham wird nun rasiert (sonst nimmt der Gipsabdruck die Haare später mit, was sehr schmerzhaft ist). Danach cremt oder ölt man die Scham gut ein, damit sich der Gips später wieder gut ablösen lässt. Jetzt schneidet man die Gipsbinden in etwa 20 Zentimeter lange Streifen. Danach durchtränkt man die Binden einzeln mit Wasser und legt sie über die Scham. Dabei müssen die Binden gut angedrückt und glattgestrichen werden. Nachdem man etwa 10 dieser Streifen aufgelegt hat, muss man nur noch warten, bis der Gips getrocknet ist.

Dann kann der Negativabdruck vorsichtig abgelöst werden. Am besten lässt man diese Negativform über Nacht komplett durchtrocknen. Ist die Form getrocknet, bestreicht man die Innenseite gut mit Öl oder Creme. Nun wird die Form mit Spachtelmasse oder Gips ausgefüllt. Achtet dabei darauf, dass die Spachtelmasse blasenfrei ist. Auf der Verpackung steht irgendwo vermerkt, wie man die Masse richtig anrührt. Sobald die Spachtelmasse über Nacht getrocknet ist, kann man die Negativform vorsichtig entfernen, und der Abdruck kommt zum Vorschein. Meistens werden ein paar Nacharbeiten notwendig sein. Diese Nacharbeiten kann man mit einem Skalpell und etwas Schleifpapier gut erledigen.

#6 DER RÜSSEL

Filzstift

Bei dieser Aufgabe muss die Person auf ihren Unterleib ein Elefantengesicht aufmalen, und zwar so, dass der Penis zum Rüssel wird. Dieses Bild wird dann in einer Erotik-Community gepostet, oder dem Aufgabensteller per Mail zugesandt.

#7 KABELBINDER

Kabelbinder und Kneifzange

Bei dieser Aufgabe werden der Person mit Kabelbinder bestimmte Körperteile abgebunden.

Beim Mann sind dies vorzugsweise die Hoden oder der Penis (oder beides). Bei der Frau eignen sich im Besonderen die Brüste dazu, zumindest wenn sie groß und weich sind.

Eine schmerzhafte und optisch schöne Variante ist es, jeden Finger der rechten Hand mit dem gleichen Finger der linken Hand zu verbinden. Es entsteht eine Art Gebetsstellung, die rasch unbequem wird. Die Kabelbinder können recht einfach ziemlich stramm angezogen, bzw. auch nachgezogen werden. Legt euch aber unbedingt eine geeignete Zange bereit, um die Kabelbinder rasch entfernen zu können, sollte dies notwendig sein.

Risiken: Keine, wenn man achtsam ist (Blutstau)

#8 EROTISCHE LESUNG

Erotikroman

Bei dieser Aufgabe muss die Person dem Aufgabensteller abends immer ein Kapitel aus einem erotischen Roman vorlesen. Welches Buch sie dafür auswählt bleibt ihr überlassen. Idealerweise sind in dem Buch Szenarien beschrieben, welche die Person vielleicht auch erleben möchte.

#9 STRIPPEN

Keine

Bei dieser Aufgabe muss die Person für den Aufgabensteller möglichst erotisch strippen.
Kerzenlicht, erotische Musik, gute Düfte und Tücher können dabei eingesetzt werden. Als Erweiterung muss sich die Person vor dem Aufgabensteller auch noch selbst befriedigen. Gerne können dabei Toys zum Einsatz kommen, oder die Person verführt den Aufgabensteller.

#10 DAS HODENGEWICHT

Schnur und Gewichte

Bei dieser Aufgabe muss die Person sich ein oder mehrere Gewichte an den Hoden binden. Als Gewicht eignen sich viele Haushaltsgeräten, wie zum Beispiel:

- Bügeleisen
- Wassereimer mit Wasser (Über die Wassermenge kann man das Gewicht steuern)
- Stoffsäckchen bzw. Plastiktüte mit Sand gefüllt

Die Person umwickelt nun mit der Schnur mehrfach beide Hoden, macht zwei Knoten und befestigt dann das Ende der Schnur am Gewicht. Die Länge der Schnur muss so bemessen sein, dass beim Geradestehen bzw. beim Gehen das Gewicht frei schwebt. Geht die Person in die Knie, berührt das Gewicht den Boden und entlastet die Hoden.

Wurde diese Aufgabe als virtuelle Aufgabe gestellt, muss der Mann nun mit einem Selbstauslöser mehrere Fotos machen. Die Anzahl der Fotos verlängert den Schmerzreiz.

Ist der Aufgabensteller zugegen, kann er vor Ort bestimmen, wie lange das Gewicht gehalten werden muss.

Risiken: Keine, wenn man es nicht übertreibt

#11 DAS HODENGEWICHT DIE ZWEITE

Schnur und Gewichte

Alternativ kann natürlich auch eine Gehstrecke (Treppenhaus!) festgelegt werden, die die Person mit dem Gewicht zurücklegen muss. Mit einer Gerte wird die Person zudem auch noch motivierend angetrieben.

Risiken: Keine, wenn man es nicht übertreibt

#12 DIE SCHATZTRUHE

Abschließbare Truhe oder Schmuckschatulle

Bei dieser Aufgabe werden alle Sextoys, die zur Befriedigung dienen könnten, weggeschlossen. Den Schlüssel (samt Zweitschlüssel) lässt man sich zuschicken oder nimmt ihn mit.

Wie lange man die Schatztruhe verschlossen hält, bleibt dem Aufgabensteller überlassen.

Man kann bei dieser Aufgabe auch Dinge wegschließen, die eine gewisse Wichtigkeit für die Person haben, wie zum Beispiel das Handy, den Surfstick usw. Man kann natürlich auch verlangen, dass die Person dem Aufgabensteller eine bestimmte Anzahl an Orgasmen «schenken» muss, bevor sie den Schlüssel wieder zurückbekommt.

#13 SUCHSPIEL

Handschellen

Bei dieser Aufgabe wird die Person mit Hand- und Fußschellen gefesselt und darf sich nur noch nackt und auf allen Vieren bewegen. Zudem werden ihr die Augen verbunden. Der Schlüssel zu den Handschellen wird irgendwo im Raum abgelegt. Nun muss die Person den Schlüssel durch Ertasten finden. Gemeinerweise werden aber auch andere Gegenstände im Raum platziert, wie zum Beispiel kleine Zettel, auf denen kleine Strafen stehen. Berührt sie diese Zettel, werden die Strafen sofort abgegolten. Hat man weitere Mitspieler gibt es eine weitere Variante. Berührt die Person diese Mitspieler (zum Beispiel auf einer Erotikparty) im Vorbeigehen, dürfen diese die Person anfassen, oder ihr einen kleinen Hieb mit einer Gerte verpassen.

#14 JUCKPULVER

Juckpulver, Mehl

Bei dieser Aufgabe wird die Person nackt gefesselt (Füße zusammen, Hände auf dem Rücken). Danach reibt man die Person mit Mehl, Hagebuttenfasern (einfach die Hagebutten öffnen und die Fasern entnehmen) oder Juckpulver ein und wartet ab was passiert.

Nach und nach wird das Jucken unerträglich, wobei die Fantasie der Person auch einen starken Placebo-Effekt auslöst.

#15 BESCHIMPFUNG

Keine, in der Öffentlichkeit etwas aufpassen.

Bei dieser Aufgabe wird die Person einen ganzen Tag nur als «Arschloch», «Loser», «Nutte» oder «Hure» bezeichnet und generell verbal schlecht behandelt. Egal was sie macht, es wird nie gut genug sein.
Die Person muss sich zudem permanent entschuldigen und sich selbst mit Schimpfnamen belegen.
Zudem muss sie immer fragen, wenn sie etwas tun möchte, wie zum Beispiel auf Toilette gehen.

«Darf die kleine Sau auf die Toilette gehen?»
Achtet dabei darauf, dass es nicht ins Lächerliche kippt. Seid dabei ruhig etwas lauter und aggressiver im Ton.

Achtung: Diese Strafe kann recht schnell ins Negative kippen und psychisch sehr belastend sein. Achtet also unbedingt darauf, dass die Person nicht «abstürzt».

#16 SCHARFE SACHEN

Senf, Ketchup oder Ähnliches, Ring

Bei dieser Aufgabe wird der Person der Mund mit Senf, Ketchup oder Ähnlichem ausgepinselt. Vorher besorgt man sich einen Ringnebel oder Mundspreizer, der den Mund offen hält. Schon bald wird der Mund anfangen zu brennen, und der Sabber wird aus dem Mund laufen. Dies ist wieder eine Strafe für Lästermäuler oder Quatschbasen.

Achtung: Nicht zu lange einwirken lassen, da sonst die Geschmacksnerven geschädigt werden können.

#17 DIE KOKOSMATTE

Kokos- oder Sisalmatte

Bei dieser Aufgabe darf die Person eine auf dem Boden liegende, raue Kokos-, Kunststoff- oder Sisalmatte (z.B. Fußabtreter) nicht verlassen. Sie hat dabei völlig nackt zu sein. Relativ rasch wird die raue und recht harte Matte sehr unbequem. Verhindert man zudem durch miteinander verbundene Hand- und Fußfesseln, dass sich die Person hinstellen kann, beginnt die Haut an den Füßen, Knien und dem Po bald weh zu tun.
Die Zeit scheint nicht enden zu wollen.

#18 DIE ÜBERNACHTUNG

Keine

Bei dieser Aufgabe muss die Person eine Nacht neben dem Bett schlafen. Außer einer dünnen Decke gibt es keine Bequemlichkeit. Ob die Person die Decke unterlegt oder sich damit zudeckt, bleibt dem Aufgabensteller überlassen. Achtet aber darauf, dass es nicht zu kalt ist, da man sich rasch erkältet oder die Nieren unterkühlt. Wenn die Person dann am nächsten Morgen wieder ins Bett darf, wird sie sehr dankbar sein.

#19 IN DER ECKE STEHEN

Papiertüte, Pappschild

Bei dieser Aufgabe muss sich die Person (wie früher in der Schule) in eine Zimmerecke stellen. Sie ist dabei nackt und muss sich eine Papiertüte als «Eselsmütze» aufsetzen. Auf der Tüte steht «Tölpel», «Dummkopf» oder etwas Ähnliches. Die Person hält auch noch ein Schild in der Hand, auf der das Vergehen geschrieben steht. Diese Aufgabe kann man natürlich noch erweitern durch den Einsatz von Erbsen in den Schuhen (Schmerz), oder dem Einführen eines Plugs oder Dildos. Besonders effektiv ist es, das Ganze auf einer Erotikparty zu machen. Diese Aufgabe kann auch virtuell gestellt werden. Dann muss die Person mit einem Selbstauslöser ein Foto machen und dem Aufgabensteller zusenden.

20 DUSCHEN

Eine Dusche

Bei dieser Aufgabe bekommt die Person die Anweisung, sich selbst in der Dusche zu befriedigen.
Allerdings wird sie ab und an mit einem Schwall kaltem Wasser abgekühlt. Das geschieht solange, bis die Person ihren Orgasmus bekommen hat. Durch die häufige und überraschende Anwendung der kalten Dusche, kann man die Zeit bis zum «Happy Ending» deutlich verlängern.

21 DER LIEBLINGSPROMI

Foto eines Lieblingspromis

Bei dieser Aufgabe muss die Person auf das Foto seines Lieblingspromis abspritzen, pinkeln oder es sich vaginal einführen und davon ein Foto machen. Das Bild wird dann an den Aufgabensteller versendet, oder in einer Erotik-Community eingestellt. Ergänzend muss die Person erläutern, warum diese Person sein Lieblingspromi ist. Alternativ muss die Person ein Foto ihres Lieblingspromis dem Aufgabesteller übergeben, der dann selbst auf das Bild abspritzt. Gerade bei Jugendlichen haben Promis teilweise ausgeprägten Kultstatus und diese Aufgabe wird Überwindung kosten.

#22 DAS BLAUE WUNDER

Potenzmittel

Bei dieser Aufgabe muss die Person ein größere Dosis Viagra (oder Vergleichbares) schlucken (bitte Vorsicht bei der Dosierung, unbedingt Gebrauchsanleitung beachten). Nun kann man mit der Person spazieren gehen oder ein Restaurant besuchen. Bereits nach einer Stunde wird sein Glied sehr steif sein, und dies auch die nächsten ein bis zwei Stunden bleiben. Durch zusätzliche Reize kann man die Erregung noch steigern. Allerdings bekommt die Person ein Abspritzverbot. Natürlich kann man mit der Person auch einen Swingerclub besuchen, oder man lädt sich ein paar Freunde ein.
Der Druck in der Hose wird rasch schmerzhaft, und natürlich kann jeder die Beule in der Hose erkennen.

23 KITZELN

Keine

Bei dieser Aufgabe wird die Person gut festgebunden und danach durchgekitzelt. Besonders die Fußsohlen, die Rippenbögen und die Achselhöhlen sind hierfür besonders gut geeignet.
Eine Besonderheit des Kitzelns ist, dass sich der Mensch nicht sich selbst kitzeln kann. Man kann nur von anderen Personen gekitzelt werden. Kitzeln ist das Hervorrufen eines Lach-, Schrei- oder Zuckreflexes durch leichtes Berühren des Körpers. Der Kitzelreiz entwickelt sich nach längerer Zeit zu Lungen- und Muskelschmerzen.

24 KÖRPER VERMESSEN

Maßband, Meterstab

Bei dieser Aufgabe muss die Person ihren Körper detailliert vermessen.
Hierzu gehören zuerst einmal:

- Gewicht
- Schuhgröße
- Brustumfang
- Bauchumfang
- Beinlänge

Beim Mann sind zusätzlich folgende Körperteile zu vermessen:

- Schwanzlänge (schlaff und steif)
- Durchmesser
- Durchmesser der Einschnürung an der Eichel
- Beschnitten/ nicht beschnitten
- Größe der Hoden
- Länge des Hodensacks

Bei der Frau sind zusätzlich folgende Maße zu vermessen:

- Länge der Schamlippen
- Durchmesser des Kitzlers
- Form des Kitzlers
- Größe der inneren Schamlippen
- Tiefe der Vagina (Dildo bis zum Anschlag rein und dann messen)
- Durchmesser der Vagina, Tampongröße
- BH-Größe
- Durchmesser der Brustwarzen, Nippelgröße

Das Ganze wird samt Foto an den Aufgabensteller versendet.

#25 30 NAMEN

Keine

Bei dieser Aufgabe muss die Person 30 Namen für das eigene Geschlechtsteil aufsagen. Idealerweise sind da auch die Namen dabei, die die Person seinem Geschlechtsteil selbst gibt, oder die durch frühere PartnerInnen gegeben wurden. Gerade im Umfeld einer Party kann das rasch demütigend werden.

#26 SEIFENSCHAUMBILDER IN DER DUSCHE

Shampoo

Bei dieser Aufgabe muss die Person ein Foto von sich machen, auf dem sie völlig mit Seifenschaum verhüllt ist. Lediglich eine Brust oder der Penis darf etwas hervorschauen. Diese Aufgabe eignet sich besonders für virtuelle Spiele. Das Foto wird per SMS/MMS an den Aufgabensteller versendet.

#27 HANDSTAND

Fotoapparat

Bei dieser Aufgabe muss die Person nackt einen Handstand an einer Wand machen und die Beine möglichst weit spreizen. In dieser Position wird dann ein Foto gemacht. Der Selbstauslöser einer Kamera gibt der Person circa 10 bis 20 Sekunden Zeit, diese Position einzunehmen, sollte kein Helfer vor Ort sein. Ist die Person eine Frau, wird es richtig peinlich, wenn sie den Handstand outdoor und in einem Minirock machen muss.

#28 RÄUCHERSTÄBCHENHALTER

Räucherstäbchen

Bei dieser Aufgabe muss die Person als Räucherstäbchenhalter dienen. Hierzu kniet sich die Person auf alle Viere. Dann wird das Räucherstäbchen in den Anus oder die Scham eingeführt, und das Räucherstäbchen wird angezündet. Nun muss die Person durch alle Räume kriechen, die mit dem Räucherstäbchen aromatisiert werden sollen. Klammern mit Glöckchen an den Brustwarzen, Schamlippen, Zunge oder Hodensack verfeinern die Aufgabe.

#29 EIN ESSEN ZU ZWEIT

Keine

Bei dieser Aufgabe muss die Person eine warme Mahlzeit inklusive Suppe ohne Zuhilfenahme ihrer Hände essen. Es ist ihr nur gestattet, zu schlürfen, zu saugen, zu lecken oder festere Essensteile direkt mit dem Mund aus dem Teller zu holen. Am besten ist die Person dabei nackt, da ansonsten wohl alle Kleider bekleckert sein werden.

30 JA/NEIN-STRAFE

Keine

Bei dieser Aufgabe darf die Personen eine bestimmte Zeit nur mit ja und nein antworten. Es ist ihr ansonsten verboten zu sprechen. Sollte sie gegen dieses Gebot verstoßen, kann ihr natürlich eine weitere Strafe auferlegt werden. Hört sich leicht an, ist es aber nicht.

31 ZUNGE RAUSSTRECKEN

Keine

Bei dieser Aufgabe muss die Person eine festgelegte Zeit ihre Zunge herausstrecken. Sie darf sie zu keiner Zeit in den Mund nehmen. Der Aufgabensteller kann erschwerend mit der Zunge spielen, und sie zum Beispiel kitzeln oder langziehen. Natürlich kann der Aufgabensteller Stäbchenklammern an der herausgestreckten Zunge befestigen. Diese Klammern (Nippelklammern, Nippelspangen) gibt es im Erotikhandel. Alternativ gehen natürlich auch normale Wäscheklammern. Dies kann auch Teil einer Strafe, wie zum Beispiel in der Ecke stehen, sein.

#32 KLEBEBAND

Klebeband

Bei dieser Aufgabe muss die Person ihren Penis mit Klebeband umwickeln. Das Umwickeln kann im schlaffen oder erigierten Zustand geschehen. Die Wirkung ist völlig unterschiedlich.
Ist der Penis schlaff und wird dann gereizt, kann er nicht steif werden, weil das Klebeband dies verhindert. Das kann sogar etwas schmerzhaft sein. Ist der Penis steif, wird er irgendwann schlaff werden, und das Klebeband löst sich langsam und etwas unangenehm von der Haut.

#33 DER TEPPICH

Teppich

Bei dieser Aufgabe wird die Person nackt in einen Teppich eingewickelt und dann einfach liegen gelassen. Der Teppich wird mit einem Gürtel fixiert, damit er sich nicht lockert, oder sich die Person selbst «aufrollen» kann. Rasch beginnt es überall zu jucken, und es wird schnell sehr unbequem. Erschwerend kann man natürlich auch auf der Teppichrolle Platz nehmen und damit zusätzlichen Druck aufbauen.

Ob man die Füße oder den Kopf herausschauen lässt, bleibt euch überlassen. Schauen beide hervor, kann man die Person zusätzlich kitzeln oder anders ärgern.

Achtung: Achtet permanent auf die Person und verlasst niemals den Raum. Sollte der Kreislauf der Person in Schwierigkeiten geraten, wird es rasch gefährlich. Sorgt aber auf jeden Fall auf genügend Luftzufuhr.

Risiken: Kreislaufprobleme

34 SPREIZUNG DER BEINE

Keine

Bei dieser Aufgabe wird die Person angewiesen, eine bestimmt Zeit lang mit weit gespreizten Beinen auf einem Stuhl, dem Boden oder einer Bank zu sitzen und ihr Geschlecht zu präsentieren. Bereits nach wenigen Minuten beginnt ein Ziehen in den Oberschenkeln, das die Peinlichkeit dieser Aufgabe überdeckt.
In einem Swingerclub kann man die Öffentlichkeit mit einbinden, und zum Beispiel das Geschlechtsteil von Fremden oder Bekannten anfassen und reizen lassen.

#35 AUF ALLEN VIEREN

Plug

Bei dieser Aufgabe muss sich die Person einen ganzen Tag (oder eine bestimmte Zeit) auf allen Vieren bewegen. Handschuhe und Knieschoner verhindern dabei, dass es zu Abschürfungen und Schädigungen kommt. Erschwerend kann man die Person auch einen niedlichen Plug tragen lassen.

Risiken: Wunde Knie und Hände

#36 SCHUHPUTZDIENST

Schuhputzzeug

Bei dieser Aufgabe muss die Person erotisch bekleidet oder nackt alle Schuhe des Aufgabenstellers gründlich reinigen. Das Profil der Schuhsohle muss danach völlig sauber sein, und sie müssen glänzen wie neu. Sollte die Person diese Aufgabe nicht zur vollständigen Zufriedenheit des Aufgabestellers erledigen (und das wird geschehen), können weitere Strafen erfolgen wie zum Beispiel das Reinigen der Schuhe mit der Zunge oder der feuchten Scham. Diese Aufgabe eignet sich besonders gut für Schuhfetischisten.

#37 BRÜSTE ABBINDEN

3 Meter Schnur oder Kabelbinder

Bei dieser Aufgabe werden der Person mit einer Schnur die Brüste abgebunden. Dabei wickelt man mehrere Lagen der Schnur um die Basis der Brüste und sichert sie dann mit einem Knoten. Diese Aufgabe funktioniert nur bei größeren und etwas weichen Brüsten. Natürlich kann man der Person auch anweisen ihre Brüste selbst abzubinden, um dann ein Beweisfoto zu schicken.
Des Weiteren kann man an das Schnurende nun ein Gewicht anhängen, oder die Brüste nach oben heben und an einem Haken fixieren.
Bitte hängt aber niemand an den Brüsten auf. In einigen Hardcorefilmen wird das ab und an gezeigt, aber das ist wirklich gefährlich (Geweberisse, Einblutungen, usw.).
Alternativ kann man auch große Kabelbinder verwenden. Legt dann aber unbedingt eine gute Schere oder eine Kneifzange für den Notfall bereit.
Eine weitere Methode ist das Überziehen von Gummiringen, wie sie in der Küche Verwendung finden.

#38 DERSELBE SONG

CD-Player oder MP3-Player

Bei dieser Aufgabe muss die Person ihren Lieblingssong über Kopfhörer immer wieder hören und zwar solange, bis er ihr «zum Halse raushängt». Nach dem fünfzigsten Mal wird sich die Person einen anderen Lieblingssong suchen müssen. Das ist wirklich eine heftige Strafe.

#39 DIE VERBUNDENEN BRUSTWARZEN

Schnur, Schere

Bei dieser Aufgabe muss sich die Person ihre Brustwarzen mit einer Schnur verbinden. Hierzu umwickelt sie Ihre rechte Brustwarze ein paarmal mit der Schnur und sichert das ganze durch einen Knoten. Dann führt sie die Schnur zur anderen Brustwarze und macht genau das gleiche. Die Person hat darauf zu achten, dass ihre Brustwarzen dabei unter Zug stehen. Diese Aufgabe funktioniert leider nicht bei alle Brustwarzen, sondern nur bei großen Nippeln. Legt bitte eine Schere für den Notfall bereit.

#40 DIE HAUSHALTSGUMMIS AM NIPPEL

Haushaltgummis

Und wenn wir schon bei den Brustwarzen sind, hier eine ähnliche Aufgabe. Dieses Mal wird jedoch ein dünner Haushaltgummi mehrfach um die Brustwarze gewickelt und zwar so fest, dass die Brustwarze zusammengepresst wird. Das ist gar nicht so einfach, aber durchaus möglich. Als Hilfsmittel kann auch eine Sprengringzange eingesetzt werden. Diese gibt es für wenig Geld in den Baumärkten.

#41 IN EINEN KARTON EINSPERREN

0–99 1–3

Großer Karton

Für diese Aufgabe benötigt man einen großen und stabilen Karton, den man lichtdicht verschließen kann. Man bekommt sie in den Papiercontainern von Möbelgeschäften, Firmen usw.
Der Karton wird nun mit einem Gewebeband an den Kanten und Ecken gut verstärkt. An einer Stelle schneidet man ein etwa 2-Euro-Stück großes Loch hinein, damit etwas frische Luft eindringen kann. Nun sperrt man die Person für eine längere Zeit darin ein. Bleibt aber unbedingt in der Nähe. Es wird rasch warm innerhalb des Kartons, und durch die Enge kann rasch der Kreislauf

schlapp machen. Mit Hilfe eines Strohhalmes kann man der Person etwas zu trinken geben. Natürlich kann man nun auch seinen Liebhaber(in) einladen und Sex haben, während die Person im Karton sitzt und zuhören muss. Weitere Möglichkeiten sind, dass die Person durch das Loch zuschauen darf, wie sich der Aufgabensteller selbstbefriedigt. Natürlich kann man auch Löcher zum Hineingreifen in den Karton schneiden und die Person befingern, oder durch Fremde befingern lassen.

Risiken: Kreislaufprobleme

42 DUSCHEN GEHEN

Kerze

Bei dieser Aufgabe muss die Person eine brennende Kerze mit dem Mund festhalten und dann duschen gehen. Die Kerze darf während des Duschvorganges (inklusive Haare waschen) nicht ausgehen. Schafft sie es nicht, erhält sie eine Bestrafung.

#43 STÄBCHENSPIEL

Essstäbchen oder Schaschlikspieße, Gerte

Beim Stäbchenspiel werden viele asiatische Essstäbchen auf die Fußsohlen der Person abgelegt. Hierzu legt sich die Person auf den Bauch und winkelt die Beine so an, dass die Fußsohlen waagerecht sind. Nun läuft die Zeit, sagen wir mal fünfzehn Minuten. Alle Stäbchen die in dieser Zeit von den Fußsohlen gefallen sind, gelten als Strafpunkte die danach abgegolten werden (z. B. pro herunter gefallenes Stäbchen 3 Hiebe mit dem Rohrstock).

#44 STÄBCHENSPIEL DIE ZWEITE

Essstäbchen oder Schaschlikspieße

Alternativ kann man der Person dabei auch eine bestimmte Anzahl von Schlägen auf das Hinterteil geben, und es dürfen dabei keine Stäbchen herunterfallen.

45 PIMMELKERZE

MISC

Gipsbinden, Kerzenwachs/-set

Die Person bekommt die Aufgabe einen Gipsabdruck seines erigierten Gliedes anzufertigen, um dann darin eine Kerze zu gießen. Das ist schwieriger als es sich anhört. Zuerst muss das Glied der Person mindesten 10 Minuten lang steif bleiben. In dieser Zeit werden die eingeweichten Gipsbinden in mehreren Lagen um das Glied gewickelt und müssen trocknen. Sobald sie trocken sind und das Glied erschlafft ist, besitzt man eine Negativform der Kerze. Es ist anzuraten, das Glied vor dem Umwickeln etwas einzucremen, damit sich der ausgehärtete Gips gut ab lösen lässt. Nun platziert man einen Docht (Erhältlich in Kerzengießsets) in der Mitte, und gießt die Form mit flüssigem Wachs aus. Sobald das Wachs ausgehärtet ist, kann man die Gipsform entfernen und besitzt eine schöne Kerze. Ähnliches kann man natürlich auch mit der weiblichen Brust durchführen.

46 SCHRÖPFGLÄSER

Schröpfgläser

Im Medizinbedarf kann man kleine Sets mit Schröpfgläsern kaufen. Diese werden noch heute für medizinische Zwecke benützt. Wir wollen Sie nun aber etwas missbrauchen.

Es gibt diese Schröpfgläser mit kleinen Luftpumpen, mit deren Hilfe man einen besonders starken Unterdruck erzielen kann. Wir setzen diese Gläser also auf die Brust, den Po oder die Scham der Person, und erzeugen einen Unterdruck. Dadurch wird Blut in den Bereich des Fleisches gesaugt, der sich innerhalb des Schrumpfglases befindet. Es entsteht ein Schmerzreiz, und die Stelle wird sehr empfindlich für weitere Reize.

Risiken: Blutergüsse

47 LÖFFELSPIEL

Ein Löffel und ein Ei

Der Person wird ein Esslöffel waagrecht in den Mund gesteckt. Der Löffel wird nun mit einem rohen Ei bestückt. Nun wird die Person zum Orgasmus gebracht, aber wehe, das Ei fällt dabei zu Boden. Alternativ wird die Person mit einer Gerte geschlagen. Auch dabei darf das Ei nicht zu Boden fallen.

48 WÜRFELN

Schlaginstrumente und ein Würfel

Das ist ein kleines Spiel, um eine Strafe festzulegen. Ihr benötigt hierzu nur einen Würfel und eine Auswahl von Schlaginstrumenten.

Der erste Wurf legt das Schlaginstrument fest. Eine 1 kann zum Beispiel die Reitgerte bedeuten, eine 2 den Rohrstock usw.

Der zweite Wurf ist der erste Multiplikator, der dritte Wurf der zweite. Wirft man also zuerst eine 5 und dann eine 3 ergibt das 15 Schläge (5 x 3). Ihr könnt das natürlich beliebig variieren.

49 SELFSPANK

Tischtennisschläger oder Kochlöffel

Bei dieser Aufgabe muss sich die Person entweder mit einem Kochlöffel oder einem Tischtennisschläger solange auf eine Pobacke, eine Brust oder die Innenseite des Oberschenkels schlagen, bis sie deutliche Rötungen oder leichte Einblutungen aufweist. Dabei darf wirklich nur eine Seite gerötet sein, damit man den Unterschied zur anderen Seite gut erkennen kann. Ein Beweisfoto ist an den Aufgabensteller zu versenden

#50 SEILTANZ

10 Meter Seil

Bei dieser Aufgabe wird ein Seil zwischen zwei Säulen aufgespannt, und zwar so hoch, dass das Seil in den Schritt der Person einschneidet, selbst wenn diese auf Zehenspitzen geht. In das Seil werden alle 30 Zentimeter Knoten gemacht. Nun muss die Person über das Seil steigen, so dass das Seil sich zwischen ihren Beinen befindet. In der Mitte beginnend läuft die Person zuerst zum einen Ende, und dann den ganzen Weg zurück zum anderen. Dabei reibt das Seil im Schritt. Der Weg ist erst beendet, wenn sie wieder in der Mitte angekommen ist. Ihre Hände sind dabei auf dem Rücken gefesselt. An manchen Stellen am Seil kann man auch etwas Ingwer, Ketchup oder Pfeffer aufbringen.

#51 KERZENSTÄNDER

Kerze

Bei dieser Aufgabe legt sich die Person auf den Rücken. Nun werden die Füße nach hinten in Richtung Kopf gezogen, damit der Po schön präsentiert ist. Nun kommt die Kerze ins Spiel. Sie wird in den Anus eingeführt und angezündet. Die Person hat nun eine Haltung einzunehmen, dass die Kerze senkrecht stehen bleibt. Trotzdem wird nach und nach etwas Wachs auf den Po tropfen, beziehungsweise an der Kerze nach unten auf die Rosette fließen.

52 KLEBEBANDHÄNDE

Gutes Klebeband

Wurde die Person mal wieder bei der Selbstbefriedigung erwischt? Das muss natürlich bestraft werden.
In diesem Falle muss die Person ihre Hände zu Fäusten ballen. Dann nimmt man das Klebeband und umwickelt die Faust bis zum Handgelenk. Nun kann die Person ihre Finger nicht mehr benutzen, und das hat Konsequenzen.
Wie soll sie auf die Toilette gehen oder sich kratzen?
Wie soll sie essen oder trinken?
Kann sie so schlafen?

53 EROGENE ZONEN

Faserschreiber

Bei dieser Aufgabe muss die Person alle erogenen Zonen ihres Körpers mit einem schwarzen, wasserfesten Stift ankreuzen und

Fotos davon machen. Die Fotos sendet sie dem Aufgabensteller dann per E-Mail oder MMS zu.

54 SEXSZENE

Sexfilm

Bei dieser Aufgabe muss die Person aus einem Film eine Sexszene aussuchen und diese mit dem Aufgabensteller nachspielen. Die Sexszene muss eine Verführungsszene beinhalten. Es kommt besonders auf die realitätsnahe Umsetzung an. Hierzu muss die Person versuchen, sich kleidungstechnisch und im Verhalten möglichst nahe an das Original anzulehnen.

55 ABLEGEN

Keine

Diese Aufgabe ist besonders für schüchterne Personen gedacht. Bei dieser Aufgabe geht man mit der Person auf eine Erotikparty. Nun muss die Person jede Viertelstunde ein Kleidungsstück ablegen, bis sie nackt ist und von allen Gästen betrachtet werden kann.

56 GYMNASTIK

Hüpfseil

Bei dieser Aufgabe muss die Person nackt Sportübungen machen. Rumpfbeugen, Kniebeugen, Dehnungsübungen, Beine kreuzen, Spagat und so weiter eignen sich hervorragend, um die Person fit zu machen.
Zudem ist es ein schöner Anblick, wenn Brüste, Penis und Hoden auf und ab springen. Geeignete Übungen finden sich ganz leicht auf entsprechenden Seiten im Internet.
Eingeführte Dildos und Plugs, sowie Klammern an den Brüsten oder Geschlechtsteilen erschweren das Ganze.

Nun kommen wir zu einigen Aufgaben, die mit der Kunst des Fesselns (Bondage) zu tun haben. Solltet ihr da keine Ahnung oder Übung haben, so gibt es fast in jedem Bundesland Gruppen und Einzelpersonen die Unterricht anbieten. Zudem gibt es einiges an guter Literatur und viele Foren zu diesem Thema. Achtet immer auf die Sicherheit der gefesselten Person, legt eine Schere bereit, und schnürt weder die Luftröhre noch Hauptschlagadern ab. Lasst die gefesselte Person nie alleine. Also: macht Euch vorher kundig!
Literaturtipp: Bondage-Handbuch von Matthias Grimme

57 BONDAGE 1 – LIEGEND

Zwei Seile (2 Meter und 4 Meter)

Bei dieser Aufgabe werden der Person die Hände auf dem Rücken zusammengebunden. Die Person muss sich nun in Seitenlage auf den Boden legen. Mit dem zweiten Seil umwickelt man mehrlagig ein Fußgelenk und befestigt das andere Ende des Seils unter Zug an einem Deckenhaken oder Deckenbalken. Dabei muss das Bein nun nahezu durchgestreckt sein und zur Zimmerdecke zeigen, wenn die Person auf dem Boden liegt.
Nun lässt man die Person einfach in dieser Lage liegen. Schon nach kurzer Zeit stellt sich ein Schmerzgefühl und Hilflosigkeit ein. Da das eine Bein zur Decke zeigt und das andere am Boden liegt, ist der Schambereich der Person nun gut zugänglich.

Risiken: Keine, wenn man es nicht übertreibt

#58 BONDAGE 2 – ÜBER DEN KOPF

4 Meter Seil

Bei dieser Aufgabe werden der Person zuerst die Hände zusammengebunden. Danach führt man die Hände über den Kopf und zieht das Seil am Rücken nach unten. Nun führt man es zwischen die Beine wieder nach vorne. Dann legt man das Seil einmal um die Hüfte, um es danach am Bauch mit dem nach hinten laufenden Seil zu verknoten. Dabei ist darauf zu achten, dass die Hände so weit nach hinten gezogen werden, dass die Person die Hände nicht wieder nach vorne oder zur Seite wegnehmen kann.
Nun lässt man die Person einfach in dieser Lage auf dem Boden sitzen. Ist die Person eine Frau, sind nun ihre Brüste gut zugänglich, und die Person kann sich gegen Berührungen nicht wehren. Besonders auf Partys ist das ein herrlicher Anblick, zumal man dann auch Fremde einladen kann, die Person abzugreifen. Schon nach kurzer Zeit stellt sich zudem ein Schmerzgefühl und Hilflosigkeit ein.
Lasst die Person dabei nicht aus den Augen und legt eine Schere für den Notfall bereit.

Risiken: Keine, wenn man es nicht übertreibt

#59 BONDAGE 3 – HOGTIED

Zwei Seile je 2 Meter

Bei dieser Aufgabe werden die Handgelenke der Person an die entsprechenden Fußgelenke gefesselt. Dies kann bäuchlings liegend oder im Sitzen geschehen.

Nun lässt man die Person einfach in dieser Lage auf dem Boden liegen beziehungsweise sitzen. Lasst die Person dabei nicht aus den Augen und legt eine Schere für den Notfall bereit.

Wie das genau aussieht findet ihr rasch im Internet wenn ihr Hogtie eingebt.

Risiken: Keine, wenn man es nicht übertreibt

#60 BONDAGE 4 – AUFGEZOGEN

8 Meter Seil

Bei dieser Aufgabe werden die Handgelenke der Person hinter dem Rücken zusammen gebunden. Dabei sollte ein restliches Seilende von circa 4 Metern übrig bleiben. Dieses zieht man nun durch einen Deckenhaken, oder wirft es über einen Balken. Zieht man nun daran, werden die Arme hinter dem Körper nach oben gezogen. Die kann man solange tun, bis die Person auf den Zehenspitzen stehen muss. In dieser Position belässt man die Person nun geraume Zeit. Natürlich kann man nun auch weitere Körperstrafen an der Person verüben (Peitsche, Klammern, Wachs, usw.).

Achtung: Hierbei werden die Schultergelenke stark beansprucht. Achtet also unbedingt auf die Sicherheit und den Kreislauf der Person.
Diese Arte der Fesselung wurde im Mittelalter auch als Folter eingesetzt. Die Person wurde damals rückwärts aufgezogen, so dass sich die Schultergelenke auskugelten. Seid also etwas vorsichtig.

Risiken: Keine, wenn man es nicht übertreibt

#61 BONDAGE 5 – KNIEFESSEL

2 Seile mit je 8 Meter

Bei dieser Aufgabe werden der Person zuerst die Arme über den Kopf gefesselt, und zwar so, dass die Person stehen muss. Nun wird das zweite Seil genommen und nahe dem Knie mehrfach um einen der Oberschenkel geführt. Ein Knoten sichert das Ganze. Nun führt man auch dieses Seil nach oben und zieht das Bein hoch, bis der Oberschenkel mindestens in die Waagrechte kommt. Die Person steht nun auf einem Bein. In dieser Position lässt man die Person nun geraume Zeit stehen. In dieser Position ist der Schambereich den Blicken und Händen ausgeliefert.

Achtung: Achtet unbedingt auf die Sicherheit und den Kreislauf der Person.

62 GUMMIBAND

Ein Gummiband und zwei Klammern

Bei dieser Aufgabe verbindet man zuerst zwei Klammern mit einem Gummiband (findet man im Nähbedarf). Das Gummiband wird einmal um den Körper (auf Pohöhe) gelegt, gespannt und an der Stelle, wo sich das Band wieder trifft, abgeschnitten (Gebt eventuell noch 10 Zentimeter dazu). Man hat nun ein Gummiband, das sich im gespannten Zustand einmal um den Körper legen lässt. Nun werden mittels Knoten die Enden des Gummibandes an die zwei Klammern befestigt.
Danach befestigt man die erste Klammer an der linken Schamlippe oder Hodensack, führt das Band einmal um den Körper herum und befestigt die zweite Klammer an der rechten Schamlippe bzw. dem Hodensack. Lässt man nun beide Klammern los, zieht das Gummiband die beiden Schamlippen bzw. den Sack auseinander. Sowohl der Zug- als auch der Klammerreiz werden rasch schmerzhaft. Die geöffnete Scham bietet sich nun auch gut zum Spielen und Reizen an.

63 HAARPEITSCHE

3–4

Klebstoff, Silikon, Holzgriff

In diesem Falle benötigt man eine etwa 30–40 Zentimeter lange Haarsträhne der Person. Diese wird abgeschnitten und dann mit dem Holzgriff zu einer Echthaarpeitsche zusammen gefügt. Hierzu wird das abgeschnittene Ende des Haarschweifs in flüssiges Baumarktsilikon getaucht werden. Nach dem Trocknen kann man das Haarbüschel mit Klebstoff beziehungsweise mit Nägeln/ Schrauben auf die eine Stirnseite des Holzgriffes befestigen.

Alternativ bohrt man oben in den Holzgriff ein Loch mit circa einen Zentimeter Durchmesser, steckt das Haarbüschel hinein und spritzt das Loch mit Silikon aus. Fertig ist die kleine Peitsche, die man auch sofort gegen den Haarspender einsetzen kann.

64 DER KREBS

Erregung öffentlichen Ärgernisses bei Outdoor

Bei dieser Aufgabe muss die Person nackt in der Krebsstellung laufen. Bei der Krebsstellung bewegt sich die Person auf allen Vieren, allerdings mit dem Rücken zum Boden. Die Schenkel muss die Person dabei weit spreizen, damit man ihr Geschlechtsteil gut sehen kann, und der Po darf den Boden nicht berühren. Nun muss die Person eine bestimmte Strecke zurücklegen. Schläge mit einer Gerte oder Klammern erschweren das Ganze.

#65 DER KREBS DIE ZWEITE

Erregung öffentlichen Ärgernisses bei Outdoor

Alternativ kann man die Person in dieser Stellung auch «Gassi führen». Dann befestigt man eine Schnur am Hoden oder den Schamlippen (mit Klammern), und führt sie daran herum.
Diese Aufgabe eignet sich auch hervorragend für SM- und Erotikpartys oder Swingerclubs.

#66 SELF-SLAPING

Smartphone oder Videodienst

Bei dieser Aufgabe muss sich die Person mit ihrem Smartphone filmen, wie sie sich selbst Ohrfeigen gibt. Sie darf dabei nicht zu zaghaft zuschlagen, denn am Ende muss die betroffene Backe gerötet sein. Ansonsten lässt man sie das ganze einfach nochmal wiederholen. Den Film kann sie dann per Mail an den Aufgabensteller versenden. Alternativ kann man Videodienste wie Skype einsetzen.

#67 HANDSCHELLEN ZWISCHEN DEN BEINEN

Ein Paar Handschellen

Bei dieser Aufgabe werden der Person die Hände mit Handschellen gefesselt, und zwar so, dass eine Hand auf dem Rücken und die andere auf dem Bauch zu liegen kommt. Somit muss die Kette der Handschelle zwischen den Beinen hindurch geführt werden. Diese Position wird im Stehen rasch sehr ungemütlich, und die Person ist nahezu wehrlos.

#68 SCHRIFTPROBE

Faserschreiber

Bei dieser Aufgabe muss sich die Person einen Faserschreiber oder weichen Bleistift in den Po oder die Vagina stecken, und dann zum Beispiel den Namen des Aufgabenstellers auf ein Blatt Papier schreiben.

Das ist gar nicht so einfach.

Natürlich kann man die Person auch anweisen, einen kleinen Film davon zu drehen.

69 BRÜCKE

Kerzen

Bei dieser Aufgabe muss die Person eine sogenannte «Brücke» machen. Das bedeutet, sie steht auf allen Vieren, allerdings mit dem Rücken zum Boden. Das Gesäß darf dabei den Boden nicht berühren. In dieser Position muss sie solange verharren, wie es der Aufgabensteller verlangt. Erschwerend werden Brust, Bauch, Oberschenkel und Scham mit heißem Wachs beträufelt. Achtet bitte auf die Sicherheitsvorkehrungen hierzu.

Risiken: Keine, wenn man es nicht übertreibt

70 FICK MICH

Keine

Bei dieser Aufgabe muss sich die Person das Wort «Fick mich» quer über den Po schreiben, und dann ein Foto in «Doggy Style» an den Aufgabensteller versenden. Dabei müssen sowohl der Schriftzug, als auch der Po und die Scham/Penis/Hoden gut zu erkennen sein.

#71 STILLGESTANDEN

Keine

Bei dieser Aufgabe muss sich die Person eine längere Zeit völlig regungslos hinstellen oder hinlegen. Dabei liegen die flachen Handflächen an der Körperseite an, die Beine sind gespreizt. Die Person darf sich nun weder bewegen oder sprechen. Bereits nach zehn Minuten ist das richtig anstrengend, und wird nach und nach auch recht schmerzhaft. Verbindet man der Person die Augen und verstöpselt die Ohren, wird der Effekt noch stärker.

Risiken: Eventuell Kreislaufprobleme

#72 SEILHÜPFEN

Springseil , Gerte

Bei dieser Aufgabe muss die Person eine bestimmte Anzahl von Seilsprüngen fehlerfrei schaffen. Verheddert sie sich, bevor sie die festgelegte Anzahl geschafft hat, bekommt sie die noch offenen Sprünge als Strafschläge mit einer Gerte.
Danach muss sie erneut bei Null anfangen. Dieses Prozedere wird solange wiederholt, bis sie die festgelegte Anzahl fehlerfrei geschafft hat.

73 GEDICHT

Keine

Bei dieser Aufgabe muss die Person ein Gedicht auswendig lernen und vortragen. Sollte sie sich verhaspeln oder versprechen, erfolgt eine Bestrafung (zum Beispiel ein Hieb mit der Peitsche auf den Po). Das ganze wird solange wiederholt, bis die Person das Gedicht fehlerfrei aufsagen konnte. Bleibt bei der Auswahl des Gedichtes realistisch. Der komplette «Faust» von Goethe wird wohl niemand komplett auswendig können. Stellt man diese Aufgabe virtuell, kann man einen Videodienst wie Skype nutzen. Dann muss sich die Person an bestimmten Körperstellen Wäscheklammern befestigen, und darf sie erst wieder abnehmen, wenn sie das Gedicht komplett fehlerfrei aufgesagt hat.

74 BEFREIT

Keine

In den Zeiten der sexuellen Revolution und des Kampfes um die Gleichberechtigung der Frauen wurde das Ablegen des BHs zum Symbol. Mittlerweile tragen fast alle Frauen wieder BH.
Bei dieser Aufgabe muss die Person einige Tage ohne BH herumlaufen. Gerade im Sommer wenn die Blusen dünner und die

T-Shirts luftiger sind, wird die Person sicherlich bewundernde (meistens von Männern) aber auch abfällige (meistens von Frauen) Blicke ernten. Für schüchterne oder schamhafte Frauen ist das sicherlich eine große Herausforderung.

75 ESSEN MIT VERBUNDENEN AUGEN

Augenbinde

Bei dieser Aufgabe muss die Person mit verbundenen Augen essen. Das kann im heimischen Umfeld, aber auch in einem Restaurant sein. Solltet ihr das Spiel in einem Restaurant spielen wollen ist es gut, sich eine ruhige Ecke zu suchen und ggfls. den Wirt vorher zu informieren (verlorene Wette J). Bei der Auswahl des Essens ist darauf zu achten, Dinge zu wählen, die man auch gut ohne Sehsinn essen kann, wie zum Beispiel Suppe, Hähnchen (mit den Händen), Pommes Frites, Gurkensalat. Natürlich kann man der Person auch behilflich sein, und es wird sicherlich notwendig werden, ihr ab und zu den Mund mit einer Serviette abzuwischen.

76 KÖRPER BESCHRIFTEN

Edding

Für diese Aufgabe benötigt man einen wasserfesten Faserschreiber. Idealerweise wird diese Aufgabe auf einer Erotikparty oder in einem Swingerclub gestellt. Die Person muss mit einem Edding fremde Menschen ansprechen und sie darum bitten, ein Schimpfwort auf ihren nackten Körper zu schreiben. Jedes Wort und jede Stelle ist erlaubt (eventuell das Gesicht auslassen). Wurde die Aufgabe virtuell gestellt, muss die Person natürlich auch noch Beweisfotos versenden.

77 HEISSKALT

Wasserglas

Bei dieser Aufgabe wird das Glied der Person entweder in ein Glas mit Eiswasser oder heißes Wasser gesteckt, immer abwechselnd. Die Augen der Person sind dabei verbunden. Besonders gemein ist es, wenn man die Person hören lässt, wie zum Beispiel ein Wasserkocher geräuschvoll Heißwasser herstellt, sein Glied dann aber in Eiswasser steckt. Achtet aber bitte drauf, dass das heiße Wasser keine Verbrennungen verursacht. Es ist gar nicht so einfach, sofort zu spüren, ob das Wasser heiß oder kalt ist.

78 ZEITSPIEL

Vase und Brennnesseln

Die Person muss sich breitbeinig und auf Zehenspitzen hinstellen. Ihre Arme werden über dem Kopf fixiert oder auf den Rücken gefesselt. Nun stellt man Brennnesseln in einer Vase zwischen ihren möglichst weit gespreizten Beinen, und zwar so, dass sie weder die Scham noch die Oberschenkel berühren. Die Person muss nun eine bestimmte Zeit in dieser Position verharren. Sollte sie sich bewegen, wird sie zwangsläufig die Brennnesseln berühren und sofort zurückzucken. Bitte beachtet dabei, dass Brennnesseln allergische Reaktionen verursachen können. Eventuell müsst ihr unterschiedlich lange Brennnesseln und mehrere Vasen einsetzen.

79 TIERSPIEL

Würfel

Ein Würfel entscheidet welches Tier nachgemacht werden muss:

1) Hund
2) Känguru
3) Schwein
4) Katze

5) Affe
6) Tier nach eigener Wahl (außer 1–5)

Alternativ muss die Person ein Video von sich drehen, wie sie sich als Huhn oder Hund gebärdet. Das Video wird dann per Mail versandt oder in einer Erotik-Community eingestellt.
Ein Hund (männlich) bellt, jault, hebt das Beinchen, hechelt und bettelt nach Essen ...
Ein Huhn (weiblich) gackert natürlich, stolziert herum, flattert mit den Flügeln und pickt Dinge vom Boden auf. Natürlich ist auch ein Livestream via Videotelefonie möglich.
Das Ganze geschieht natürlich nackt. Wenn man diese Aufgabe noch authentischer durchführen möchte, besorgt man sich noch eine passende Maske. Diese gibt es meistens zu Fasching in vielen Geschäften zu kaufen, oder man bemüht den Onlinehandel.

80 EISBUCKET WET T-SHIRT

Crushed Ice, Wassereimer

Im Jahre 2014 wurde die Ice Bucket Challenge bekannt. Man goss sich einen Eimer Eiswasser über den Kopf und spendete Geld für die ALS-Forschung (Eine Nervenkrankheit). Bei dieser Aufgabe muss die Person ein weißes T-Shirt tragen oder ganz nackt sein, und sich selbst einen Eimer Eiswasser über den Kopf gießen. Ein Beweisfoto bzw ein Video kann dann an den Aufgabensteller versendet werden. Das notwendige Eis bekommt ihr im Sommer an fast jeder Tankstelle.

81 HELLO KITTY

Papier und Zeichenstifte

Stellt Euch vor, eine erwachsene Person muss eine «Hello Kitty» Figur oder Ähnliches zeichnen und das Ergebnis auf Facebook oder einem vergleichbaren Social Network posten. Unter dem Bild steht «Schaut mal, was ich gerade gemacht habe ...». Seid gespannt auf die Kommentare.

82 WARTEN

Augenbinde, Ohrstöpsel und Kopfhörer

Die Person erhält folgende Nachricht, während sie alleine zuhause ist: «Warte ab sofort nackt und zugestöpselt auf den Aufgabensteller. Trage eine Augenbinde, Ohrstöpsel und Kopfhörer.»
Nun kann man die Person warten lassen. Ihr Zeitgefühl verschwindet. Sie wird unruhig.
Der Aufgabensteller sollte zeitnah am Ort des Wartens eintreffen, sich aber völlig ruhig verhalten. Nun kann er die Person beobachten. Irgendwann nähert man sich langsam der Person und haucht sie an oder berührt sie.

#83 SELBSTBEFRIEDIGUNG AUF DEM BEIFAHRERSITZ

Keine

Bei dieser Aufgabe muss sich die Person während einer Ausfahrt bis zum «Happy Ending» selbst befriedigen. Sie sitzt dabei auf dem Beifahrersitz.

#84 PORNO

Fernsehapparat

Kaufe einen Porno, führe ihn dem Aufgabensteller vor und errege ihn/sie mit Händen und Zunge. Am besten spielst Du den Porno dabei nach.

#85 AKTMODEL SITZEN (ZEICHENKURS)

Keine

Kunstschulen und VHS Zeichenkurse suchen immer wieder Aktmodelle. Die Person hat nun die Aufgabe, sich als Aktmodell zu bewerben, und natürlich auch als Aktmodell zu sitzen. Idealerweise erhält sie von den Künstlern ein Foto des Kunstwerkes und übergibt diese dem Aufgabensteller.

#86 FINGER IM PO, MEXICO

Etwas Gleitgel

Bei dieser Aufgabe muss die Person eine bestimmt Zeit mit einem (eigenen) Finger im Po herum laufen. Idealweise nimmt man dazu Daumen, Zeige- oder Mittelfinger. Schon nach kurzer Zeit wird das recht unangenehm. Eventuell benützt ihr dazu ein Gleitgel.

#87 EISWASSERTROPFEN

Eiswürfel

Bei dieser Aufgabe werden der Person Eiswassertropfen auf das Geschlechtsteil getropft. Am besten verwendet man hierfür richtige Eiswürfel. Entweder man hält sie einfach in der Hand und wartet bis das Eiswasser heruntertropft, oder man steckt sie in ein Stoffsäckchen und platziert diesen über den Schambereich der Person. Sobald das Eis zu schmelzen beginnt, wird ein steter Tropfenfluss einsetzen. Hierfür kann man die Person auf gespreizt auf den Boden fesseln, damit sie sich nicht wegdrehen kann. Natürlich kann man den Tropfsack auch an einer Schnur über dem Körper befestigen. Dann hat der Aufgabensteller Zeit, etwas anderes zu machen, während die Person «betröpfelt» wird.

Will man das Ganze noch erschweren, platziert man einen zweiten Tropfsack über dem Gesicht der Person, so dass Eiswasser auf Mund, Augen und Nase tropft. Im Winter kann man diese Aufgabe auch gut outdoor durchführen.

88 WANDHANDSTAND

Kerze

Bei dieser Aufgabe muss die Person an einer Wand einen Handstand machen und dabei die Beine etwas spreizen. Die Wand sichert die Person gegen das Umfallen. Dann wird ihr anal oder vaginal eine Kerze eingeführt. Diese wird nun angezündet, und nach und nach wird Kerzenwachs auf die Person tropfen oder fließen. Diese Aufgabe ist eher für sportliche Menschen geeignet.

89 KERZENSTÄNDER

Kerze

Bei dieser Aufgabe muss sich die Person auf den Boden setzen und im Mund eine angezündete Kerze tragen. Die Kerze bleibt so lange in ihrem Mund, bis die Person sich selbst einen Orgasmus verschafft hat. Sie hat sich dabei so hinzusetzen, dass das herunter tropfende Kerzenwachs auf ihre Brust bzw. den Bauch tropft.

90 IHR SEID WUNDERBAR

Ggfls. Videokamera, Smartphone

Bei dieser Aufgabe beschreibt die Person, warum der Aufgabensteller der beste Mensch auf der Welt ist. Dabei ist sie nackt. Sie präsentiert dabei ihren Körper in sehr aufreizender Weise.
Vorschlag für einen Ablauf:

1) Die Person entkleidet sich und sagt «Ich zeige Dir meinen Körper, weil ... (Nun folgt der erste Grund, warum der Aufgabensteller der beste Mensch ist)»
2) Die Person präsentiert ihre Brüste und sagt «Ich zeige Dir meine Brüste, weil ...»
3) Die Person zieht an ihren Brustwarzen und sagt «Ich ziehe an meinen Brustwarzen, weil...»
4) Die Person öffnet ihr Beine und zeigt ihr Geschlecht und sagt « Ich zeige mein Geschlecht, weil ...»
5) Die Person präsentiert ihren Po indem sie sich bückt und die Backen auseinanderzieht, und sagt «Ich präsentiere meinen Po, weil ...»
6) Die Person steckt sich etwas in den Po oder führt etwas vaginal ein und sagt «Ich penetriere mich selbst, weil Sie ...»
7) Die Person küsst einen Gegenstand, der dem Aufgabensteller gehört, und sagt «Ich küsse diesen Gegenstand, weil ...». Hierzu eignen sich Schuhe, getragene Unterwäsche usw.

Das kann natürlich individuell angepasst werden. Natürlich kann diese Aufgabe auch als Film umgesetzt, oder per Videodienst live übertragen werden.

91 MIT BESENSTIEL FICKEN

Ein Besenstiel, Kehrschaufel und Handfeger

Bei dieser Aufgabe wird die Person mit einem Besenstiel gefickt. Bitte zieht ggfls. ein Kondom darüber und sichert es mit einem Haushaltsgummi. Die Person geht auf alle Viere, legt den Kopf auf den Boden ab und reckt ihren Po in die Höhe. Die Beine sind dabei gespreizt. Nun kann der Aufgabensteller den Besenstiel anal oder vaginal einführen. Als weitere Demütigung kann man das gleiche auch mit einem Handfeger ergänzen. Zickt die Person herum, bekommt sie mit der Kehrschaufel den Po versohlt. Dies ist eine schöne Strafe, wenn die Person die Wohnung nicht sauber gefegt hat.

92 STAUBSAUGER

Ein Staubsauger

Und wenn wir schon bei den Haushaltsgeräten sind, kommen wir gleich zum Staubsauger. Bei dieser Aufgabe wird der Person an unterschiedlichsten Stellen die Staubsaugerdüse angesetzt. Besonders geeignet sind Penis, Hoden, Schamlippen und Brüste. Wenn man geschickt und die Person leicht erregbar ist, kann man ihr auf diese Art und Weise sogar einen Orgasmus verschaffen. Bitte führt das Saugrohr nicht vaginal oder anal ein, da dies zu Verletzungen führen kann.

93 NASSER LAPPEN

Putzlappen

Und weiter geht es mit den Putzutensilien. Wurde die Küche nicht sauber gereinigt? Die Toilette ist dreckig? Als schmerzhafte Mahnung ist dann ein nasser Putzlappen gut geeignet. Mit diesem wird die Person auf Po, Rücken, Brüste und zwischen die Beine geschlagen. Seid dabei aber vorsichtig, da ein nasser Lappen als Schlaginstrument sehr schmerzhaft ist.

94 FUSSFICK

Keine

Bei dieser Aufgabe wird die Person mit dem Fuß gefickt. Begonnen wird mit dem großen Zeh. Nach und nach (unter Verwendung von Gleitgel) führt man dann den ganzen Fuß ein. Besonders demütigend ist es, wenn der Aufgabensteller bequem auf einem Stuhl sitzt und seinen Fuß mit der Ferse auf dem Boden aufsetzt. Die Person muss sich dann selbst auf den Fuß setzen und ihn sich langsam einführen.

95 KONDOM ÜBERZIEHEN

Keine

Die Person muss lernen, dem Aufgabensteller ein Kondom mit dem Mund überzuziehen ohne dabei ihre Hände zu benutzen. Hierfür muss die Person das Kondom in den Mund nehmen. Am besten klemmt sie es zwischen Lippen und Zähnen ein. Vorher ist es ratsam, das Kondom circa 2-3 Zentimeter abzurollen. Dann schiebt die Person den Mund über den Penis, wobei sie darauf achten muss, dass sie den Penis eng umschließt. Mit etwas Übung funktioniert das gut.

96 FOOTJOB

Öl

Bei dieser Aufgabe muss die Person dem Aufgabensteller einen sogenannten Footjob geben. Das bedeutet, der Aufgabensteller wird solange mit den Füßen gereizt, bis er zu einem Orgasmus kommt.

Am einfachsten geht es, wenn ihr viel Massageöl verwendet und beide Füße gleichzeitig einsetzt. Der Penis wird dann zwischen die Fußsohlen oder dem Innenrist eingeklemmt.

97 PUSSY REIBEN

Keine, eventuell Liebeskugel oder Vibro-Ei

Bei dieser Aufgabe muss die Person ihre Scham auf dem Oberschenkel oder der Oberseite des Fußes des Aufgabenstellers reiben, bis sie zu einem Orgasmus kommt. Auch hier hilft etwas Gleitgel. Alternativ kann man ihr zur Unterstützung Liebeskugeln oder ein Vibro-Ei einführen.

98 REKTALUNTERSUCHUNG

Keine

Bei dieser Aufgabe untersucht der Aufgabensteller die Person rektal. Hierbei kann er Einmalhandschuhe verwenden. Am einfachsten und angenehmsten ist es, wenn man dazu auch Gleitgel verwendet. Es gibt auch Spekulums für die Analuntersuchung, die nur wenige Euro kosten Dabei seid aber bitte vorsichtig und nehmt eure Ringe ab. Nicht dass der Ehering in den Untiefen verloren geht ...

#99 ACHSELFICK

Öl

Bei dieser Aufgabe muss die Achselhöhle der Person als Ersatzvagina herhalten. Die Person klemmt also den Penis des Aufgabenstellers in die Achselhöhle, und lässt sich so ficken. Der Aufgabensteller steht dabei hinter der Person. Der Bereich der Achselhöhle wird gut eingeölt.

#100 TRICHTER IM MUND

Trichter

Bei dieser Aufgabe muss die Person einen Trichter in den Mund nehmen und sich dann auf den Boden knien. Nun spritzt der Aufgabensteller (ggfls. auch mehrere Männer) sein Sperma in den Trichter, und die Person muss alles schlucken.

#101 PIMMELSCHNALZEN

Keine

Bei dieser Aufgabe wird die Person irgendwo bewegungsunfähig fixiert und das Glied erregt. Nun schnippt und schnalzt man mit dem Zeigefinger gegen die Penis. Das Ganze wird rasch schmerzhaft. Zwischendurch reizt man den Penis wieder, lässt ihn aber nicht abspritzen. Dann wird wieder geschnippt ... usw.

#102 SPRÜHFLASCHE UND KALTES WASSER

Sprühflasche

Bei dieser Aufgabe wird die Person nackt und aufgespreizt gefesselt. Idealerweise sind alle erogenen Körperteile gut erreichbar. Der Person werden die Augen verbunden.

Nun nimmt man die Sprühflasche und füllt sie mit kaltem Wasser. Achtet beim Kauf der Sprühflasche darauf, dass sie sowohl Nebel, als auch einen harten Strahl versprühen kann.

Die Person wird nun wechselweise mit einem leichten Sprühnebel oder einem harten Strahl besprüht. Natürlich kann man die Person nebenbei auch immer wieder erregen. Der Wasserstrahl kühlt die Person dann rasch wieder ab.

103 AN DIE HEIZUNG FESSELN

Handschellen

Bei dieser Aufgabe wird die Person für eine bestimmte Zeit nackt an die Heizung gefesselt. Natürlich kann man die Heizung dabei auch voll aufdrehen. Dann ist es für die Person besser, sich nicht allzu bequem an die Heizung zu lehnen.

104 PARTNER MIT DEN ZÄHNEN AUSZIEHEN

Keine

Bei dieser Aufgabe muss die Person den Aufgabensteller mit den Zähnen bzw. dem Mund komplett ausziehen. Sie darf unter keinen Umständen die Hände zur Hilfe nehmen. Es ist gar nicht so einfach einen Gürtel zu öffnen, eine Hemd oder die Socken auszuziehen.

#105 EINKAUFEN

Kleiner Plug, Schnur oder Kette und Anhänger

Bei dieser Aufgabe muss die Person barfuß und ohne Unterwäsche einkaufen gehen. Sie trägt dabei einen kurzen Rock. Der Person wird vorher ein vaginaler und/oder analer Plug eingeführt. An diesem Plug ist eine Kette oder Schnur befestigt, die so lang ist, dass sie einige Zentimeter unter dem Rock hervorschaut. Daran kann man etwas befestigen, wie zum Beispiel einen Schmuckanhänger. Ob es ein Unbeteiligter bemerkt und sich wundert, was da baumelt?

Risiken: Eventuell merkt es jemand

#106 SONNENBRAND

Keine

Bei dieser Aufgabe wird die Person gespreizt gefesselt der Sonne ausgesetzt. Gerade die Stellen, die normalerweise bedeckt sind, werden sich rasch einen Sonnenbrand holen. Achtet also darauf, dass sich zum Beispiel die Beine zur Sonne hin öffnen. Bereits nach einer Stunde wird sich alles röten. Jede Berührung wird danach einen leichten Schmerz nach sich ziehen.
Bitte übertreibt es nicht.

#107 SONNENBRAND DIE ZWEITE

Keine

Bei dieser Aufgabe wird der Person ein Schimpfwort mit Klebebuchstaben auf die Haut geklebt. Dann darf sie ein ausgiebiges Sonnenbad nehmen. Die unbedeckte Haut wird sich etwas bräunen, die abgeklebten Stellen nicht. Nach 2–3 Stunden entfernt man die Klebebuchstaben und erkennt (zum Beispiel) ein schwaches «Schlampe» auf der Brust. Diese Kennzeichnung hält dann auch etliche Tage.

#108 LOBE DICH SELBST

Keine

Aufgabe: Stelle dich nackt, mit gespreizten Beinen und im Nacken verschränkten Händen vor dem Aufgabensteller hin und erkläre ihm, was schön, geil und besonders an dir ist.

#109 SAHNE-BLOWJOB

Sprühsahne

Bei dieser Aufgabe wird der Mund der Person mit reichlich Sprühsahne ausgefüllt. Nun lässt man sich genüsslich mit Oralverkehr verwöhnen. Natürlich muss die Sahne immer mal wieder nachgefüllt werden. Das Ganze endet erst, wenn der Aufgabensteller gekommen ist.

#110 KÄLTESPRAY

Kältespray

Auch mit Kältespray kann man herrlich spielen.
In diesem Falle wird die Person gereizt und dann mittels Kältespray abgekühlt. Das Kältespray wird dabei direkt auf die Geschlechtsorgane gesprüht. Seid aber bitte vorsichtig, da Kältespray zu Gewebeschäden führen kann, wenn man es übertreibt. Probiert es am besten vorher bei euch selbst aus.

Risiken: Kälteschäden des Gewebes

#111 ZAHNBÜRSTE

Elektrische Zahnbürste

Die Person bekommt die Aufgabe, sich mit einer elektrischen Zahnbürste zu befriedigen.

JETZT GEHT ES HÄRTER ZUR SACHE

Nun wollen wir das Ganze etwas härter angehen. Nachfolgend findet ihr nun die Aufgaben, die euch richtig fordern werden. Trotzdem bleiben wir noch unter uns. Die Aufgaben sind somit für Paare gedacht, welche die Lust am erotischen Schmerz und Demütigung für sich vertiefen wollen.
Einige Aufgaben werden euch vielleicht an eure Grenze bringen. Daher eine Bitte von mir: BDSM ist kein Wettbewerb, sondern soll dazu dienen, dass am Ende alle mit leuchtenden Augen und einem Grinsen nach Hause gehen.
Es geht immer um etwas Lustvolles, und alle Praktiken dienen daher auch nur dazu, ein schönes Erlebnis zu ermöglichen.
Die Aufgaben sind also eher der Weg, als das Ziel an sich. Sollte euch etwas nicht zusagen, keinen Spaß bringen oder euch nicht «kicken», dann lasst es einfach und sucht euch etwas anderes aus.

Und nun folgt...

#112 FISTING

Gleitgel

Bei dieser Aufgabe wird der Person die Hand des Aufgabensteller vaginal oder anal eingeführt. Bitte verwendet reichlich Gleitgel und macht langsam. Beginnt mit einem Finger und steigert dann nach und nach.

Faustverkehr (engl.: Fisting, engl.: fist für «Faust») bzw. Fisten oder Fausten ist eine sexuelle Praktik, bei der mehrere Finger bis hin zu einer oder mehreren Händen in die Vagina (brachiovaginal) oder den Anus (brachioproktisch) eingeführt werden.
In der Regel können bei den ersten Fistingversuchen nur einige Finger eingeführt werden. Da der muskuläre Vaginalschlauch als natürlicher Geburtskanal von Natur aus stark dehnbar ist, kann diese Spielart grundsätzlich unabhängig von Alter und Beckenbau praktiziert werden.

Der Anus ist im Vergleich zu einer Vagina anatomisch wesentlich enger und weniger dehnbar. Auch hier ist es möglich, klein anzufangen und langsam zu steigern, wobei die breiteste Stelle mit Mittelhand und Daumen am schwierigsten ist. Eventuell kann noch ein Teil des Unterarms folgen. Viel Gleitmittel zu verwenden ist ratsam, wobei von solchem mit betäubender Wirkung abzuraten ist, da eventuelle Schmerzen ein sicheres Zeichen sind, aufzuhören. Nachher kann der Muskel ein bis zwei Tage brauchen, um sich wieder wie vorher anzufühlen.

Auch diese Sexualpraktik kann alleine durchgeführt werden, meist geschieht dies aber zu zweit. Wegen des höheren Schwierigkeitsgrades und der starken Auslieferung an den Partner ist diese Sexualpraxis vor allem in der BDSM-Szene verbreitet.

Doppelter Faustverkehr

Darunter versteht man das sehr viel seltenere Penetrieren der Vagina oder des Anus mit beiden Händen. Ebenfalls wird die gleichzeitige Penetration der Vagina mit einer Hand und des Anus mit einer anderen Hand so bezeichnet.

Risiken: Handschuhe und Gleitmittel können das Infektions- bzw. Verletzungsrisiko deutlich verringern.

Die unmittelbaren Risiken beim Faustverkehr bestehen bei ruppiger oder gewaltsamer Praxis in Verletzungen des Anus bzw. der Vagina, welche sehr schmerzhaft sein können. In Extremfällen kann es zu einer Perforation des Darms kommen, die einen medizinischen Notfall darstellt. Ferner besteht die Gefahr einer Infektion mit sexuell übertragbaren Krankheiten, insbesondere solche, die mittels Schmierinfektion durch Hautkontakt übertragen werden, wie Tripper, Herpes, Feigwarzen sowie Pilzinfektionen. Auch eine Infektion mit dem Hepatitis-C-Virus durch das Fisten ist grundsätzlich möglich. Das Risiko einer HIV-Infektion wird als äußerst gering eingestuft. Bei Frauen kann es darüber hinaus leicht zu unspezifischen Scheideninfektionen kommen, wenn Darmbakterien in die Vagina übertragen werden. Das Verletzungs- oder Infektionsrisiko kann mittels Verwendung von reichlich Gleitmittel und Handschuhen deutlich verringert werden und ist entgegen weitverbreiteter Meinung nur wenig vom Alter der gefisteten Person abhängig.

Ungeklärt sind die langfristigen Folgen von analem Fisting und Analdehnung. Therapeutische Analdehnung zur Behandlung von Analfissuren führt nach klinischen Studien zur Schädigung des Schließmuskels. Diese Schädigung macht sich nicht sofort und in jedem Fall durch Stuhlinkontinenz bemerkbar. Dies wird jedoch von Proktologen mit dem Umstand erklärt, dass im jüngeren und mittleren Alter die Beckenbodenmuskulatur die Schädigung des Sphinkters kompensiert und so die Schließfähigkeit sicherstellt. Im fortgeschrittenen Lebensalter schwindet die Beckenbodenmuskulatur jedoch, sodass der Schließmuskel keine Unterstützung mehr erhält. In diesem Stadium könnte eine zuvor unerkannte und äußerlich nicht sichtbare Schädigung zur Stuhlinkontinenz führen.[7] Eigenständige Untersuchungen zu den Spätfolgen des Analfistings im fortgeschrittenen Alter liegen bislang jedoch nicht vor. Schäden des Schließmuskels lassen sich häufig nur durch eine proktologische Ultraschalluntersuchung erkennen, sodass das subjektive Wohlbefinden und die bestehende Kontinenz keine Gewähr für die Intaktheit des Schließmuskels bieten.

#113 DILDOSPIEL

Dildo/Vibrator, Gleitgel

Auch diese Aufgabe kann in trauter Zweisamkeit, in Anwesenheit anderer, auf einer Party oder virtuell gespielt werden. Die Aufgabe besteht darin, dass sich die Person einen Dildo oder einen Vibrator in den Anus einführt und dann ein Foto davon macht, wie sie auf allen Vieren auf dem Boden kniet. Der Po wird dabei schön hochgereckt und präsentiert.
Ist der Aufgabensteller real dabei, kann er die Person auch im Kreis krabbeln lassen, wobei sie darauf zu achten hat, dass der Dildo nicht herausrutscht. Eine weitere Herausforderung wären dann noch zusätzliche, aufmunternde Schläge mit einer Gerte.

#114 HARSH HANDJOB

Gleitgel, dünnes Seil, Vibrator, Plug, Klammern

Bei dieser Aufgabe handelt es sich um ein lust-schmerzhaftes Erlebnis, das auch als Strafe vollzogen werden kann. Im Englischen nennt man das einen Harsh Handjob – also ein «Grobes Wichsen» des Penis. Dazu wird der Mann mit Händen und Füßen an ein Bett gefesselt. Er ist nackt. Nun beginnt man damit, ihn zu reizen, damit das Glied schön steif wird. Er darf dabei allerdings nicht kommen.

Kurz bevor die Lust am größten ist, beginnt man den Penis zu «ohrfeigen» und die Hoden bis an die Schmerzgrenze zu kneten. Auch dabei können leichte Schläge zum Einsatz kommen. Bei dieser Behandlung wird das Glied rasch erschlaffen.
Nun beginnt man erneut damit, den Penis zu reizen und zu blasen, und zwar solange, bis er wieder steht. Nun setzt man Klammern an die Eicheln und den Hodensack und belässt sie dort, bis das Glied wieder erschlafft. Die Klammern werden entfernt.
Nun bindet man den Hoden mit einer Schnur fest ab und behält ein Ende gut in der Hand.
Nun wird wieder gereizt, bis das Glied schön steht.
Durch einen Zug an dem Ende der Schnur wird der Hodensack langgezogen, bis die Person signalisiert, dass es weh tut.
Bitte nicht übertreiben, der Hodensack ist ein empfindliches Gewebe ...
Nun kann man die Eichel des Penis mit einem Vibrator reizen.
Achtet aber unbedingt darauf, dass ihr immer rechtzeitig vor dem Erguss damit aufhört.
Notfalls schnipst man mit den Fingern gegen den Hoden.
Das tut im abgebundenen Zustand richtig weh und führt zum raschen Abklingen der Lust.
Erschlafft die Männlichkeit wieder, kann man ihn mit dem Saft von Ingwer und einer Massage oder durch orale Freuden wieder aufrichten.
Zwischendurch kann die Frau das steife Glied auch dazu verwenden, den Mann zu reiten.
Sie benutzt ihn quasi für ihre Lust.
Ob der Mann am Schluss sein «Happy Ending» bekommt, bleibt Euch überlassen.
Zur weiteren Demütigung kann man das die Person am Ende auch selbst machen lassen.

Führt man das Reizen und Abklingen sehr lange durch, kommt irgendwann der Punkt an dem der Mann ohnehin nicht mehr kommen kann.
Er ist überreizt ... und dann wohl ziemlich enttäuscht.
Auch das kann Teil der Strafe sein.

#115 KNIE-STRAFE

Erbsen, Holzlatte

Bei dieser (BDSM) Aufgabe muss die Person zur Strafe für ein Fehlverhalten auf Erbsen knien oder stehen.
Schon nach kurzer Zeit wird das richtig schmerzhaft. Alternativ kann man auch eine schmale Holzlatte nehmen. Probiert das unbedingt vorher selbst aus, damit ihr einschätzen könnt, wie die Wirkung ist.
Sollten die Erbsen immer wegrollen, ist es hilfreich, ein dünnes Tuch darüber zu legen. Das mildert diese Strafe auch etwas ab.

Risiken: Keine, wenn man es nicht zu lange macht.

Achtung: Diese Aufgabe ist nicht für Menschen geeignet, die Probleme mit den Knien haben.

#116 DIE MINUTENUHR

Sanduhr/Uhr und eine Peitsche

Bei dieser Aufgabe muss sich die Person selbst befriedigen. Allerdings geschieht dies unter Zeitdruck.
Nach jeder Minute (oder 2–3 Minuten) bekommt die Person eine schmerzhafte Strafe. Dies kann ein Hieb mit der Peitsche sein, eine Ohrfeige, Anspucken oder das Setzen einer Wäscheklammer usw. Wäscheklammern haben den Vorteil, dass sich der Schmerz von Klammer zu Klammer steigert. Sobald wieder eine Minute rum ist, erfolgt die nächste Strafe. Besonders schön ist das Ganze mit einer großen Sanduhr, die die Person direkt vor Augen hat. So kann sie die verrinnende Zeit besonders gut sehen und sich schon auf die nächste Strafe einstellen. Zumal es unter Zeitdruck und unter Beobachtung auch nicht einfach ist, sich selbst zu befriedigen.

#117 DER WASSERSCHLAUCH

Wasserschlauch und Wasseranschluss

Bei dieser Aufgabe wird die Person mit gespreizten Beinen gefesselt. Dies kann im Stehen oder auch im Liegen (Garten) geschehen. Dann spritzt man den Körper mit kaltem Wasser ab. Besonders lange verweilt man dabei auf den erogenen Zonen, die man zwischendrin durchaus auch von Hand reizen kann. So schwingt das Empfinden zwischen Lust, Kälteschmerz und Erschrecken hin und her. Natürlich kann man die Person dabei auch gründlich reinigen, indem man sie mit viel Seifenschaum abwäscht oder mit einer rauen Bürste abbürstet. Ein guter Seifenhalter ist dabei im Übrigen der Mund der Person. Das Erschrecken kann noch gesteigert werden, indem man der Person die Augen verbindet.

Risiken: Keine, wenn man es nicht übertreibt.

#118 SEILHÜPFEN 2

Keine

Dies ist eine härtere Variante von Aufgabe 71. Die Person muss wieder seilhüpfen, aber dieses Mal werden ihr an Brust und Scham, beziehungsweise an Hoden und Penis einige Wäscheklammern befestigt. Durch das Hüpfen schwingen die Klammern ebenfalls mit oder lösen sich schmerzhaft von alleine.

#119 BLIND BONDAGE

Seile

Für diese Aufgabe benötigt ihr jemanden, der sich mit Bondage gut auskennt. Er sollte auch Suspensions (d. h. komplettes Aufhängen in Seilen) beherrschen.

Nun wird die Person mit verbundenen Augen an den Ort gebracht, an dem das Ganze stattfinden soll. Die Person wird entkleidet, und nun beginnt der Rigger (So nennt man einen Fessler im Fachjargon) seine Arbeit. Die Person wird sich schon bald nicht mehr wehren können und irgendwann schwebt sie frei aber wehrlos in der Luft. Wie der Abend nun weitergeht überlasse ich Eurer Fantasie.

Achtung: Versucht das nicht selbst zu machen, ohne Ahnung davon zu haben, sondern erlernt die Techniken vorher oder sucht euch jemanden, der das für euch macht.
In diesem Zusammenhang verweise ich auf das Bondage-Handbuch von Matthias Grimme (Siehe Anhang).

120 TAPETENLÖSER

Tapetenlöser (Roller)

Der Baumarkt ist ein Hort der Spielmöglichkeiten. Unter anderem kann man dort einen sogenannten Nadel- bzw. Tapetenroller kaufen. Er ist zum Durchlöchern von Tapeten gedacht ist, damit sich diese besser von der Wand lösen lassen.
Bei dieser Strafe wird der Nadelroller dazu verwendet, über Körperteile zu rollen. Die vielen kleinen und spitzen Dornen dringen dabei etwas in die oberen Hautschichten ein.
Man kann ihn somit gut zur Bestrafung einsetzen.

#121 TASERN

Elektrisiergerät, Tazapper oder Violet Wand

Diese Aufgabe setzt voraus, dass man Besitzer eines Elektrisiergerätes oder eines Violet Wands ist.
Erotische Elektrostimulation (auch bekannt als E-Stim oder Elektrosex) ist eine Sexualpraktik, bei der Gleichstrom oder niederfrequente Wechselströme zur sexuellen Stimulation eingesetzt werden. Die verschiedenen Geräte (wie etwa TENS, Tazapper oder Violet Wands) ermöglichen eine gezielte «Elektrifizierung» der Probanden.

Elektrisiergeräte:
In der Regel erlauben die Geräte eine individuelle Steuerung der verwendeten Frequenzen und Stromstärken. Digitale Modelle erlauben es zumeist, verschiedene Betriebszustände stufenlos ineinander übergehen zu lassen, teilweise auch diese zu speichern oder sie den eigenen Wünschen entsprechend zu modifizieren, um so an die individuellen Wünsche optimal angepasste Reize zu liefern. Neben stationären Modellen gibt es auch kompakte mobile Geräte mit Akkus oder Batterien. Einige mobile Geräte verfügen zusätzlich über Funkfernsteuerungen mit teilweise mehreren hundert Metern Reichweite oder lassen sich durch interne Mikrophone oder die Signale externer Musikquellen steuern.
Die Mehrheit der verwendeten Geräte weist zwei getrennte, einzeln ansteuerbare Kanäle auf. Einige einfache Geräte verfügen nur über einen einzigen, viele stationäre Geräte über mehr als zwei Kanäle.

Grundsätzlich setzt die gewünschte Wirkung des im Gerät erzeugten Signals nur ein, wenn der Stromkreis geschlossen wird. Hierbei dient der menschliche Körper als finaler Leiter zwischen den beiden Elektroden, in dessen Nerven in Folge die gewünschte Wirkung induziert wird.
Es gibt verschiedene Varianten wir man die Elektroden am Körper befestigen kann:

1) Klammern
2) Klebepads
3) Schlingbänder
4) Plugs und Dildos
5) Sonden
6) Elektrisierräder/ Wartenbergräder
7) Handschuhe

Es gibt unterschiedliche Anwendungsvarianten:
Eine Variante ist die direkte Stimulation der primären Geschlechtsorgane. Hierbei werden Elektroden an der Scheide, Penis, Damm oder Hodensack angebracht und dann direkt elektrische Ströme angelegt.
Eine andere ist die, ähnlich dem Muskeltraining durch Reizstrom, Elektroden nahe den Geschlechtsorganen anzubringen und diese durch den Durchfluss indirekt zu stimulieren (etwa jeweils eine Elektrode auf der Innenseite der Schenkel).
Beim Mann wird häufig eine Elektrode in den Anus eingeführt. Durch die elektrische Stimulierung der Prostata kann es dabei zu einer Ejakulation kommen (Elektroejakulation), die von einem Orgasmus begleitet wird.
Die Manipulation der Stromstärke und der Pulsfrequenz kann zu subjektiv unterschiedlich wahrgenommenen Effekten führen. Bei niedriger Stärke und hoher Frequenz kann der Reiz bei Platzierung einer Elektrode auf der Klitoris mit dem eines Vibrators

verglichen werden; hohe Stärke bei niedriger Frequenz erinnert an einen Griff an einen Elektrozaun. Die Empfindungen reichen bei hohen Frequenzen von einem Kitzeln oder Prickeln bis zu einem stechenden Gefühl wie von vielen Nadeln, bei niedrigen Frequenzen von einem Pochen bis zum sprichwörtlichen elektrischen Schlag.

Gefahren:
Elektrostimulation kann bei Missbrauch zu Gewebeschäden und sogar zum Tod führen. Das größte Risiko ist ein elektrischer Schock. Der menschliche Körper reagiert empfindlich auf elektrische Ströme. Schon relativ kleine Spannungen (unter 40 Volt) können unter ungünstigen Bedingungen (starker Schweiß und damit gute elektrische Leitfähigkeit) zu tödlichen Verletzungen führen. Dies liegt zum einen daran, dass die Signalleitung der Nerven im menschlichen Körper vereinfacht eine Form von elektrischen Signalen ist. Werden dem Körper nun extern elektrische Signale zugeführt, so können die körpereigenen Signale gestört werden und es zum Beispiel zu Herzkammerflimmern kommen. So wird generell davon abgeraten, Elektroden oberhalb der Gürtellinie anzuwenden. Insbesondere das Legen einer elektrischen Verbindung durch jeweils eine Elektrode an einer Brustwarze gilt wegen der Nähe zum Herzen als riskant. Eine andere Verletzungsart durch elektrische Ströme sind innere Verbrennungen, die durch die Energiedichten der elektrischen Leistung hervorgerufen werden können (dies speziell durch den sogenannten Skineffekt bei höherfrequenten elektrischen Strömen). Die letzte Verletzungsart durch elektrische Ströme ist die Möglichkeit einer Vergiftung, die durch dissoziierte Eiweißmoleküle oder Produkte der Elektrolyse hervorgerufen werden kann. Dies ist meist die Folge lang andauernder Durchströmung und kann auch Stunden nach einem elektrischen Schlag noch zum Tode führen.

Das Risiko einer elektrischen Verletzung erhöht sich durch die Verwendung ungeeigneten Elektrodenmaterials, durch mangelhaften Kontakt. Dadurch ist die punktuelle Belastung des Kontaktareals zu groß. Erkennbar ist dies dann an Hautrötungen, Verfärbungen, Blasenbildung oder bei Schleimhaut und Übergangsephitelgewebe durch Ausbildung von Aphthen, Erosionen und Geschwüren. Diese Verletzungen entstehen durch Elektrolyse und die damit einhergehende Denaturierung der Eiweiße, was zum Gewebsschaden oder -untergang führt. Das kann etwa bei analen Praktiken zu erheblichen, lebensgefährlichen Verletzungen führen, die sich eventuell erst spät bemerkbar machen; denn der Darm ist ab einem bestimmten Segment nicht schmerzsensibel – im Gegensatz zum Anus. Somit ist die Gefahr unbemerkter Schäden groß.

Ein Violet Wand (engl. violetter Stab, Violettstab) ist ein auf dem Tesla-Transformator basierendes Gerät zur Verabreichung hochfrequenter Wechselströme mit sehr hoher Spannung und niedriger Stromstärke. Seit den 1990er Jahren finden die Geräte Anwendung in der BDSM-Szene zur erotischen Elektrostimulation. Bei Abstand zur Haut verursacht er bei der «behandelten» Person leichte Elektroschocks, bei Hautkontakt ein wärmendes Gefühl. Ein moderner Violet Wand besteht in der Regel aus einem aus Kunststoff gefertigten Handgriff, der über ein mit ihm verbundenes Kabel mit einer Steckdose verbunden wird. Der Handgriff weist zumeist einen Regler zur Steuerung der Intensität und einen Ein/Aus-Schalter auf. Einige Modelle werden über einen zwischen Steckdose und Handgriff geschalteten Fußschalter gesteuert. Manchmal handelt es sich um einen bloßen Ein/Aus-Schalter, einige Fußschalter bieten auch die Möglichkeit, die Stärke des Signals zu regulieren. Die Tesla-Spule besteht aus zwei elektrischen Spulen, einem Kondensator und einem Regelwiderstand im

Inneren des Griffs. Die Spitze des Griffs bildet eine Kontaktdose, in die eine Elektrode eingefügt werden kann.
Die Wirkung eines Violet Wand ist nur dann spürbar, wenn eine kurze Distanz zwischen der Elektrode und dem menschlichen Körper besteht. Eine Violettstabelektrode besteht bei modernen Geräten zumeist aus gehärtetem Glas. In ihr versiegelt befindet sich Gas, das bei Benutzung des Gerätes leuchtet und in unterschiedlichen Mischungen unterschiedliche Farbtöne erzeugt. Üblich sind Violett, Rot, Gelb, Blau oder Pink. Auch die Glaselektroden haben unterschiedliche Formen und Größen. Die meisten Glaselektroden haben eine metallische Kontaktstelle, die man direkt in die Kontaktdose des Handgriffs einstecken kann. Bei einigen Wenigen ist es notwendig, zunächst einen Adapter in den Handgriff zu stecken, da sie stattdessen über ein Drehgewinde verfügen.

Sicherheit:
Die Verwendung von Violet Wands an Trägern von Herzschrittmacher, Insulinpumpen oder anderen elektrisch betriebenen Implantaten kann sehr gefährlich sein. Menschen mit Herzstörungen jeglicher Art oder Nervenschäden sollten Violettstäbe auf keinen Fall benutzen. Im Kontext des BDSM-Konzeptes Safe, Sane, Consensual wird eine Nutzung oberhalb des Halses zumeist in der Literatur abgelehnt. Die Nutzung an Schleimhäuten ist potentiell gefährlich und insbesondere an den Augen generell abzulehnen. Bei längerer Verwendung an der gleichen Körperstelle kann es zu Rötungen und Verbrennungen des Gewebes kommen. Bei Anwendung im Körperinnern besteht eine erhebliche Gefahr, dass die verwendete Glas-Sonde zerbricht.
Violet Wands erzeugen geringe Mengen ultravioletten Lichtes. Sie werden daher auch Ultraviolettstäbe genannt. Die im Inneren erzeugte UV-Strahlung wird weitgehend durch die Glaswand absorbiert und kann so keinen Sonnenbrand auf der Haut verursachen. Elektrisiergeräte sind im Erotikfachhandel oder im Medizinbedarf

erhältlich. Bitte achtet darauf diese Geräte nur entsprechend der Anwendungshinweise der Hersteller einzusetzen.*

Tazapper:
Ein Tazapper sieht aus wie eine kurze Peitsche oder ein kurzer Stock. Im Handgriff sind Batterien enthalten. Drück man auf den Knopf entsteht an der Spitze des Tazappers zwischen zwei Elektroden ein elektrischer Blitz der dann auf die Haut überspringt. Es gibt einen kleinen Knall und die Person erhält einen elektrischen Schlag. Die Stärke kann eingestellt werden.

Sicherheit und Gefahren: Siehe oben.

#122 DER GIPSARM

3–4

Gipsbinden

Bei dieser Aufgabe werden der Person ein Arm oder ein Bein mit Gipsbinden bis zur völligen Unbeweglichkeit eingewickelt und dann mit Wasser zu einem Gipsarm bzw. Gipsbein verarbeitet. Wenn der Aufgabensteller nett ist, darf sich die Person vorher die Haare abrasieren und die Haut gründlich eincremen, damit der Gips sich später wieder leicht lösen lässt.
Dieser Art der Bewegungslosigkeit fällt unter den Begriff Gipsfetisch, Cast-Bandagen und geht im Extremfall bis zur vollständigen Eingipsung, bei der nur noch die Augen frei sind.

* Quelle u.a. Wikipedia

#123 DER GUMMI

Haushaltsgummis

Bei dieser Aufgabe muss die Person einen oder mehrere Gummis über ihren Fuß ziehen und zwar so, dass der Gummi auf der Fußsohle zu liegen kommt. Zieht man nun an diesem Gummi und lässt ihn schnalzen, verursacht dies einen feinen und beißenden Schmerz. Diese Aufgabe eignet sich auch hervorragend, um über Skype/ Video kontrolliert zu werden.

#124 DER GUMMI DIE ZWEITE

Haushaltsgummis

Die Person spannt einen Gummi zwischen Daumen und Zeigefinger. Nun legt sie den gespannten Gummi über ihre Brustwarze und zieht mit der anderen Hand daran und lässt den Gummi schnalzen. Das gleiche kann man natürlich auch auf dem Schamhügel, den Hoden oder dem Penis anwenden. Auch diese Aufgabe eignet sich hervorragend für eine Videospielkonferenz.

#125 ZEITSTRAFE

Uhr

Bei dieser Aufgabe wird die Person für eine bestimmte Zeit in eine unbequeme, schmerzhafte und/oder peinliche Situation gebracht. Auf einer Sanduhr oder einem Wecker kann die Person das langsame Verstreichen der Zeit mitverfolgen.
Beispiele für solche Situationen:

1) Unbequem gefesselt liegen lassen
2) In der Öffentlichkeit in seltsamer Position stehen müssen
3) Klammern an die Brustwarzen befestigen
4) Mit gespreizten Beinen auf einer Parkbank sitzen (Frau mit kurzem Rock)
5) Eine Brust wie aus Versehen entblößt zeigen
6) Im Freibad oder am Badesee mit weit gespreizten Beinen liegen (das ist auch mit Badeanzug peinlich)
7) Oben ohne am Badesee (Für schamhafte Frauen)
8) An einem Badesee/Liegewiese die Position «Platz» einnehmen (Siehe Band 1, Grundstellungen). Die Person kniet, Brust und Kopf liegen auf dem Boden auf, die Hände befinden sich neben dem Kopf, der Po ist nach oben gereckt, die Schenkel geöffnet.

#126 STEHAUFGABEN

Keine

Bei sogenannten Stehaufgaben muss die Person einfach irgendwo für eine bestimmte Zeit still stehen. Nachfolgend ein paar Beispiele:

1) Barfuß im Schnee oder auf Eis (Im Sommer kann man Eiswürfel verwenden, die auf der Wiese liegen).
2) Barfuß auf ausgeschütteten Nägeln mit großen Köpfen
3) Barfuß auf scharfkantigem Rollsplitt
4) Flipflops, auf die Reißzwecken (Vorsicht!) oder andere pieksende Dinge geklebt sind

#127 DER FAKIR

Fakirbrett

Bei dieser Aufgabe ist eine Erweiterung der Stehaufgaben. Die Person muss eine bestimmte Zeit auf einem sogenannten Fakirbrett stehen. Ein Fakirbrett besteht aus einem Holzbrett, auf dem entweder kleine Dreikantleisten oder Kronkorken geklebt wurden, oder Schrauben beziehungsweise Nägel eingeschlagen sind (Köpfe nach oben).

Das Stehen auf den Kanten und Spitzen wird rasch unbequem und schmerzhaft.

Alternativ muss sich die Person mit dem Po auf das Brett setzen, oder sich mit der Brust darauf legen.
Zudem kann man der Person auch die Arme nach oben fesseln, und zwar so, dass sie auf Zehenspitzen stehen muss. Das steigert den Schmerzreiz nochmals.
Ob man eine Zeit vorgibt, das willkürlich macht oder Zettel mit verschiedenen Zeiten zum Ziehen anbietet bleibt euch überlassen.

#128 AMEISENHAUFEN

Keine

Bei dieser Aufgabe wird die Person nackt neben einen Ameisenhaufen gefesselt abgelegt. Am besten fixiert man die Person so, dass sie sich nicht bewegen kann (zum Beispiel mit vier Pflöcken). Nun lässt man die Person einfach liegen, und die Ameisen werden sie bald entdeckt haben und erobern. Idealerweise befindet sich der Ameisenhaufen zwischen den geöffneten Schenkeln der Person.
Bitte achtet darauf, den Ameisenhaufen unversehrt zu lassen. Ameisen haben eine wichtige Funktion in den Wäldern und sind geschützt. Achtet auch darauf, dass die Ameisen nicht in Nase oder Ohren kriechen.

Risiken: Erregung öffentlichen Ärgernisses

#129 DAS KLEBEBAND

Klebeband

Bei dieser Aufgabe wird der Person an bestimmten Stellen ein gut haftendes Klebeband befestigt.
Ideale Stellen sind:

- Schamhügel
- Achselhöhlen
- Hoden
- Brustwarzen
- Nacken

Nachdem das Klebeband gut festgestrichen wurde, reißt man es ab oder entfernt es durch langsames Ziehen. Ist die Aufgabe virtuell gestellt (Video, Skype), kann man das Entfernen auch durch die Person selbst machen lassen.

Risiken: Hautreizungen

#130 DIE SCHREINERKLEMME

Schreinerklemme

Der Baumarkt ist wirklich ein unendlich großer Hort für tolle Spielsachen. Hier kann man Schreinerklemmen in verschiedenen Ausführungen, Größen und Gewichten kaufen.

Die Person muss sich diese Schreinerklemmen nun an bestimmten Stellen befestigen und zwar so, dass sie von alleine halten und nicht abfallen.
Ideale Stellen sind:

- Brustwarzen
- Komplette Brust
- Hoden
- Penis
- Zunge
- Schamlippen

Diese Aufgabe kann man auch virtuell stellen (mit Beweisfoto)

#131 GEWICHTSKONTROLLE

Keine

Sollte die Person Interesse haben, ihr Körpergewicht zu reduzieren, kann man dies wunderschön in ein Aufgaben-Strafen-Spiel einbinden. Grundvoraussetzung ist der reale Willen zum Abnehmen und den damit einhergehenden Unannehmlichkeiten, wie die Umstellung der Ernährung und das Treiben von Sport. Hierfür gibt es ausreichend Literatur und Beratungsangebote.
Die Kontrolle des Gewichtes ist dann der Indikator für Strafen oder Lohn. Nimmt die Person ab, bekommt sie das Zuckerbrot (aber ohne Zucker und nur Vollkorn), nimmt sie zu oder stagniert, gibt es Strafen. Ein kleiner Bestrafungs- und Belohnungsplan dokumentiert alles.

Risiken: Emotionale Risiken

Achtung: Diese Aufgabe kann emotional sehr schwierig und belastend sein.

#132 NADELN

Sterile Injektionsnadeln

Diese Strafe ist etwas für Fortgeschrittene. Die Person muss drei Stellen an ihrem Körper benennen, die dann mit den Injektionsnadeln durchstochen werden. Bitte macht euch vorher unbedingt mit dieser Materie vertraut. In der BDSM-Szene gibt es entsprechende Fachliteratur.
Vorab ein kleiner Abriss:
Zum Nadeln benötigt man Desinfektionsmittel, Tupfer, Latexhandschuhe, die Spritzenkanülen und Pflaster.
Beim Nadeln ist auf Sterilität und Sauberkeit zu achten.
Die Nadeln sollten mindestens 40 Millimeter lang sein, damit man auch ganze Gewebepartien durchstechen kann. Der Schmerz steigt mit dem Durchmesser der Nadeln. Ich empfehle 0,4 mm Kanülen. Diese bekommt man in der Apotheke oder im Internet recht preiswert und dürfen nur 1 x verwendet werden.

Zum Ablauf:

- Reinigung und Desinfektion des «Opfers»
- Reinigung und Desinfektion der eigenen Hände, ggf Latexhandschuhe verwenden
- Man nimmt die zu durchstechende Haut (nicht den Muskel) zwischen zwei Finger und hebt sie etwas an.
- Dann sticht man zügig aber kontrolliert hindurch. Der Stichkanal kann zwischen einem und zwei Zentimeter lang sein und es wird nur die Haut durchstochen.
- Die Nadeln können dort geraume Zeit ohne Probleme verbleiben.
- Nach der Nadelung wird die Kanüle wieder vorsichtig entfernt und in die Schutzkappe eingeführt.

- Achtet darauf, euch nicht dabei selbst zu stechen
- Ggf. nun die Wunde versorgen. Manchmal blutet es leicht nach. Dann drückt es mit einem Tupfer ab und bedeckt es mit einem Pflaster
- Entsorgt die Kanülen ordentlich. Die meisten Apotheken nehmen sie zurück

Nadelt nur geeignete Körperstellen wie zum Beispiel das weiche Gewebe am Rücken, der Brust, der Arme und Beine. Setzt keine Nadeln im Gesicht, am Hals oder am Kopf!

Risiken: Leichte Blutungen, Entzündungen

Gefahren: Es kann zu Infektionen kommen wenn nicht sauber gearbeitet wird.

Was ist der Reiz dabei?
Beim Nadeln stößt der Körper Endorphine aus. Das sind körpereigene Drogen, die etwas high machen können.
Menschen, die auf erotische Schmerzreize reagieren, ziehen daraus einen Kick.

133 NADELKISSEN

Reißzwecken

Bei dieser Aufgabe muss sich die Person mehrere Reißzwecken zwischen die Oberschenkel und gegebenenfalls zwischen die Schamlippen oder an die Hoden legen. Dann presst sie die Beine zusammen und bleibt so stehen oder liegen. Die Reißzwecken dürfen nicht heraus, beziehungsweise herunter fallen. Eventuell kann man die Oberschenkel auch mit einem Gürtel fixieren.

#134 REISSZWECKE UNTER BRUST

Reißzwecken

Bei dieser Aufgabe muss die Person Reißzwecken unter ihrer Brust platzieren. Bei einer weichen Brust kann man die Reißzwecke einfach zwischen Brustkorb und Brustkörper klemmen. Ist die Brust zu klein oder zu fest, legt man die Reißzwecken auf einen Stuhl und die Person muss sich mit ihren Brüsten darauf legen. In diesem Fall muss die Person vor dem Stuhl knien. Um sicherzustellen, dass die Person mit dem Körpergewicht auf der Sitzfläche aufliegt, muss sie dann die Knie recht weit vom Stuhl entfernt platzieren. Am besten misst man die Länge von Fußsohle bis zur Kniescheibe der Person, das ist dann die Entfernung vom Knie bis zum Stuhl.

#135 GEWICHTHEBEN

Schnur und Gewichte

Bei dieser Aufgabe werden der Person Gewichte an den Brüsten oder Hoden angebracht. Hierfür umwickelt man die Brust oder Hoden mehrfach mit einer Schnur und fixiert sie durch ein paar Knoten. Daran werden dann die Gewichte befestigt. Die Gewichte müssen so schwer sein, dass man sie nur kurzzeitig anheben

kann. Nun muss die Person diese Gewichte mehrfach eine Treppe hinauftragen ohne zur Hilfenahme von ihren Händen.
Das Gejammer, wenn die Gewichte auf die nächsthöhere Treppenstufe gehoben worden sind, ist wunderbar. Gewichte kann man ganz einfach selbst basteln. Sucht Euch einfach einen schweren Stein und bohrt einen Haken hinein.

Risiken: Gewebeschäden

#136 GEWICHTHEBEN UND KERZEN

Teelichter oder Kerzen

Die Person kniet mit gespreizten Beinen aber aufgerichtet auf dem Boden. Nun werden mehrere Kerzen zwischen ihren Beinen und den Unterschenkeln platziert und entzündet. Danach wird beobachtet ... die Muskeln werden versagen, der Hintern senkt sich langsam dem Boden – und somit den Kerzen – entgegen. Die Arme der Person sind dabei auf dem Rücken gefesselt und sie trägt eine Augenbinde.

#137 KLOBÜRSTE

Neue Klobürste, Flaschenreiniger

Bei dieser Aufgabe muss sich die Person eine Klobürste vaginal oder anal einführen und gegebenenfalls ein Foto davon versenden. Bitte benutzt viel Gleitgel und seid vorsichtig. Die Kunststofffasern sind ziemlich hart und spitz und das Entfernen kann sehr schmerzhaft werden. Alternativ kann man auch einen Flaschenreiniger nehmen, der einen kleineren Durchmesser besitzt.

Risiken: Hautirritationen

#138 ZAHNSTOCHER DIE ZWEITE

2 Zahnstocher

Bei dieser Aufgabe wird die Person angewiesen, ihren Po beziehungsweise die Rosette mit Zahnstochern aufzuspreizen. Sie muss die Zahnstocher über Kreuz zwischen die beiden Pobacken klemmen und zwar so, dass sie von alleine halten und die Rosette präsentieren. Das funktioniert allerdings nicht bei jedem.

Risiken: Hautirritationen

#139 DRAHTGEFLECHT

10 Meter dünner Draht

Bei dieser Aufgabe wird die Person mit einigen Metern dünnem Draht gefesselt. Dabei wickelt man die Person ganz eng ein und zwar so, dass der Draht etwas einschneidet. Natürlich werden dabei auch die Geschlechtsteile und die Brüste hart umwickelt. Achtet bitte drauf, keine Adern oder Nerven einzuklemmen und seid an den Gelenken besonders vorsichtig.

Risiken: Keine, wenn man es nicht übertreibt

#140 STÄBCHENSPIEL DIE ZWEITE

Essstäbchen, Gleitgel

Bei diesem Stäbchenspiel muss die Person raten, wie viele Essstäbchen man ihr vaginal oder anal nach und nach einführen kann. Dann probiert man es aus.
Es sind eine ganze Menge ... wenn ihr reichlich Gleitgel verwendet.

#141 STILL HALTEN

Teelichter und Gerte

Die Person muss sich nackt auf den Rücken legen und die Beine anziehen. Dabei weisen die Fußsohlen zur Decke und die Oberschenkel bilden eine Waagrechte. Nun werden 2–3 Teelichter auf den Oberschenkeln platziert.
Es beginnt eine Züchtigung. Da Fußsohlen, Waden und der Po gut zugänglich sind, ist es angeraten diese mit einer Gerte zu bearbeiten. Dabei dürfen die Kerzen nicht hinunter fallen. Ansonsten beginnt das Ganze noch einmal von vorne.
Achtet bitte darauf, dass das Aluminium von Teelichtern sehr heiß werden kann.

#142 WATERBOARDING

Tuch, Wasser, Notfallglöckchen

Waterboarding kam als Foltermethode in den letzten Jahren zu einem unrühmlichen Bekanntheitsgrad. Im BDSM gehört diese Praktik zur den Atemreduktionsspielen.
Hierbei wird die Person gefesselt. Idealerweise mit dem Rücken und mittels diverser Lederriemen auf eine Bierbank oder etwas Ähnliches. Der Kopf wird ebenfalls gut fixiert. Dann legt man ein

Taschentuch oder Handtuch über Nase und Mund und beginnt es mit Wasser nach und nach zu benetzen. Schon nach kurzer Zeit bekommt die Person keine Luft mehr. Allerdings gibt es dabei auch Risiken wie Kreislaufkollaps usw. Macht euch unbedingt kundig, bevor ihr diese Praktik anwendet.

Risiken: Ohnmacht, Herzstillstand

Kleiner Tipp: Gebt der Person ein kleines Glöckchen in die Hand, die sie im Notfall fallen lassen kann.

#143 PLASTIKTÜTE

Durchsichtige Plastiktüte, Notfallglöcken

Auch mit einer Plastiktüre kann man für Luftarmut sorgen. Einfach über den Kopf ziehen und dann am Hals eng verschließen. Dies kann mit einem Halsband geschehen (Einfach die Tüte unter das Halsband legen) oder mittels Klebeband. Bitte unbedingt eine Schere bereitlegen.

Nach und nach wird der Sauerstoffgehalt immer geringer und es entsteht Atemnot. Beobachtet die Person dabei permanent und lasst sie nicht alleine. Auch hier könnt ihr ein Notfallglöckchen verwenden, das die Person gegebenenfalls fallen lässt.

Risiken: Ohnmacht, Herzstillstand

#144 WÜRGESPIEL

Langer Schal oder ein Seil

Bei dieser Aufgabe wird die Person auf den Bauch gelegt. Ihre Arme werden auf den Rücken gefesselt. Nun bindet man den Schal oder das Seil um das linke Fußgelenk, führt es nach vorne um den Hals und dann zur rechten Fußgelenk. Das Seil muss dabei unter Spannung stehen. Dafür zieht man die Beine hinten in Richtung Kopf. Durch die Körperspannung kommt es nach und nach zu einem Würgereiz. Bitte seid dabei sehr vorsichtig und lasst die Person nie alleine.

Risiken: Ohnmacht, Herzstillstand

#145 WÜRGEKUSS

3 Seile

Bei dieser Aufgabe wird die Person mit auf den Rücken gefesselten Händen bäuchlings auf den Boden gelegt. Die Fußgelenke sind ebenfalls zusammen gefesselt. Nun befestigt man eine Würgeschlinge um den Hals und befestigt diese an einem Deckenhaken. Das Seil muss dabei so kurz sein, dass die Person den Kopf nicht ablegen kann. Der Abstand wischen Mund und Boden muss etwa 10 Zentimeter betragen. Nun wird der Person der Fuß zum Kusse geboten. Will die Person das tun, wird sie sich selbst würgen, da sich die Schlinge weiter zuzieht, bzw. in den Hals einschneidet. Beachtet auch hierbei die Sicherheitsaspekte.

#146 KLÖTZE

Ein Seil und ein Holzklotz

Bei dieser Aufgabe muss sich die Person auf einen Holzklotz oder Stein stellen. Achtet dabei darauf, dass der Klotz nicht umfallen kann. Die Stehfläche des Klotzes sollte dabei so klein sein, dass die Person nur mit Mühe beide Füße darauf abstellen kann. Der Person werden die Arme an den Handgelenken nach oben gefesselt und zwar so, dass die Person mehr oder weniger in der Luft hängt, sollte sie den Klotz verlassen.
In dieser unbequemen und schmerzhaften Stellung muss die Person dann eine Zeitlang stehen. Natürlich kann man nun auch weitere Dinge mit der Person anstellen.

#147 FRISEUR

Schere und Rasierer

Bei dieser Bestrafung werden der Person die Kopfhaare entfernt, sprich, er bekommt eine Glatze rasiert. Das ist sehr demütigend und die Strafe hält auch längere Zeit an, da die Haare natürlich nur langsam nachwachsen.

#148 RETTICHSTRAFE

Großer Rettich

Die Rettichstrafe ist eine Variation vom sogenannten Figging. Im antiken Griechenland diente sie als Körperstrafe für Ehebrecher. Bei der Rettichstrafe wird eine Rettichwurzel zwangsweise in den Anus des Delinquenten eingeführt (Beim Figging ist es Ingwer). Es gibt Rettiche in unterschiedlichen Durchmessern und ihr solltet somit einen auswählen, der vom Durchmesser her den körperlichen Gegebenheiten der Person entspricht. Die Tiefe des Eindringens kann man mit einer um den Rettich laufenden, eingeschnitzten Nut festlegen. Silikonplugs besitzen ebenfalls eine solche umlaufende Nut. Entfernt vorher alle Schmutzteile und scharfen Kanten sowie die Wurzelfäden.

Die Heftigkeit des Schmerzreizes (Brennen) kann man etwas steuern, indem man den Rettich mehr oder weniger schält. Je mehr von der Außenhaut abgeschält wird, umso schmerzhafter wird es. Alternativ kann man den Rettich auch nur an wenigen Stellen mit einem Zahnstocher oder einer Gabel perforieren.

Die brennende Wirkung kommt vom austretenden Rettichsaft, die auch noch nach dem Entfernen des Rettichs einige Zeit anhält (Bitte beachten!).

Seid bitte beim Einführen des Rettichs vorsichtig, nehmt eventuell Gleitgel und lass euch Zeit.

Ist der Rettich bis zur Nut in den Anus eingeführt, läuft die Zeit die der Rettich im Anus verbringen soll.

Die Rettichstrafe ist im Gegensatz zu Figging eine schmerzhafte Bestrafung und dient weniger der Luststeigerung.

149 SCHLEPPKETTE

8 Meter Schnur, mehrere Gewichte, 2 Klammern

Bei dieser Aufgabe muss man ein paar Dinge vorbereiten.
Zu allererst macht man in die Schnur alle 20 Zentimeter einen Knoten mit einer Schleife. In die Schleifen werden später die Gewichte eingehängt.
Am anderen Ende der Schnur werden zwei Klammern befestigt.
Nun führt man die Schnur durch einen Deckenhaken. Die Schnur muss so lang sein, dass die Klammern und alle Gewichte nun noch auf dem Boden liegen.
Die Person muss sich nun auf allen Vieren unter dem Deckenhaken hinknien und die Klammern werden von hinten an den Schamlippen oder dem Hoden befestigt. Man benötigt dafür Klammern, die nicht so leicht abrutschen. Sie dürfen allerdings keine scharfen Zacken haben wegen der Verletzungsgefahr.
Nun bekommt die Person die Anweisung los zu krabbeln. Die Schnur spannt sich und nach und nach werden die Gewichte vom Boden gehoben und baumeln schließlich in der Luft.
Dadurch wird das Gewicht immer größer und der Schmerzreiz immer stärker. Alternativ kann man auch einfach eine ein Meter lange Stahlkette an der Schnur befestigen. Jedes Kettenglied das den Boden verlässt, erhöht dann das Gewicht.

#150 STAUBSAUGEN

Staubsauger, zwei Ketten/Seile

Lassen wir die Person doch etwas sinnvolles machen: Staubsaugen. Die Person ist entkleidet. Die Handgelenke sind mit einer kurzen Kette am Halsband befestigt, Die Kette muss dabei so kurz sein, dass zwischen Hände und Halsband maximal 40 Zentimeter Platz sind. Die Füße werden mit einer 1/2 Meter langen Kette miteinander verbunden. Die Person kann sich nun nur noch auf allen Vieren krabbelnd fortbewegen.
Nun wird der Staubsaugerschlitten mit einem circa einen 1,5 Meter langen Seil am Hoden festgebunden. Krabbelt die Person nun herum, zieht sie den Staubsaugerschlitten an den Hoden hinter sich her. Die Saugvorrichtung (Saugarm) muss die Person nun in die Hände nehmen und dann die ganze Wohnung saugen. Das ist nicht nur anstrengend, sondern auch bald recht unbequem und schmerzhaft. Ist die Person zu langsam, kann man ihr zusätzlich einige motivierende Schläge geben oder ein paar Klammern setzen.

#151 FUSSOHRFEIGEN

EGAL

Keine

Die Person muss sich für diese Aufgabe vor den Aufgabensteller hinknien oder auf den Rücken legen. Die Hände werden gefesselt.

Der Aufgabesteller sitzt oder steht vor der Person und gibt ihr nun mit den Fußinnenseiten Ohrfeigen. Zwischendrin kann man die Person auch die Füße lecken und küssen lassen, bevor es weitere Ohrfeige hagelt. Achtet unbedingt darauf, nicht in die Augen oder direkt auf die Ohren zu treffen.

#152 DER ZUNGENHAKEN

Zettel oder Bierdeckel

Bei dieser Aufgabe muss die Person einen Bierdeckel für eine bestimmte Zeit mit der Zunge an eine Wand pressen und zwar so, dass dieser nicht herunterfällt. Dabei darf die Person die Zunge nicht mit den Lippen unterstützen. Sollte der Bierdeckel zu Boden fallen, beginnt das Ganze von vorne und es kann eine weitere Strafe ausgesprochen werden.

#153 ZWANGS-HIGH-HEELS

Ein paar Reißzwecken

Bei dieser Aufgabe werden der Person eine oder mehrere Reißzwecken unter die Ferse geklebt. Am besten nimmt man dafür ein stabiles Gewebeklebeband. Die Spitzen der Reißzwecken zeigen dabei zum hinteren Ballen. Die Person ist nun gezwungen, permanent auf Zehenspitzen zu laufen, da sie sich ansonsten die Reißzwecken selbst in das Fleisch drückt. Auf Dauer wird das recht anstrengend.

#154 BAUKLOTZSPIEL

Mehrere Bauklötze

Diese Aufgabe ist ein kleines Spiel für Zwischendurch. Die Person muss dabei mit ihrem Mund einen Turm aus Bauklötzen bauen. Das wird umso schwieriger, je höher der Turm wird. Sollte der Turm umstürzen, erhält die Person eine Strafe und das ganze beginnt von vorne.

#155 LUFTPUMPE

Luftpumpe

Für diese Aufgabe benötigt man eine Luftpumpe. Ideal sind Luftpumpen für das Aufpumpen von Bällen oder Schlauchbooten.
Man dringt nun mit der Luftpumpe anal ein (Gleitgel!) und pumpt Luft in den Anus. Bitte übertreibt es nicht!
Die Person muss die Luft nun eine Zeitlang in sich behalten und darf den Drang zum «Furzen» nicht nachkommen. Irgendwann bahnt sich die Natur allerdings ihren Weg.

156 DAS LINEAL

Lineal

Jetzt gehen wir zurück in die frühere Schulzeit. Als kleine Strafe für irgendein Vergehen bekommt die Person ihre Handflächen mit einem Holzlineal geschlagen. Bitte schlagt nur auf die Innenflächen und die Finger und niemals auf die Gelenkknochen der Handaußenseite.

157 KICKS

Klebeband und Reißzwecken

Bei dieser Aufgabe klebt sich der Aufgabesteller Reißzwecken mit einem Klebeband auf den Rist seines Fußes. Hierzu sticht er die Reißzwecken durch die klebende Seite hindurch und klebt dann das Klebeband auf den Fuß. Der Fuß sieht nun aus wie ein kleiner Igel. Damit kann er nun der Person schmerzhafte Tritte verpassen.

158 DER PFOSTEN

4 Meter Seil

Bei dieser Aufgabe wird die Person seitlich liegend um einen Pfosten oder Baum gefesselt. Der Pfosten befindet sich dabei am Rücken der Person und die Füße und Arme werden dann mit dem Seil um den Pfosten gefesselt. Dabei können die Arme einfach auf den Rücken gelegt oder aber über den Kopf gebunden werden. Der Körper wird dabei also nach hinten gebogen.

Risiken: Keine, wenn die Person keine Rückenprobleme hat

159 MAUSEFALLE

Mausefallen

Die Person besorgt sich im Baumarkt Mause- oder Rattenfallen. Diese Schnappfallen können dann an verschiedenen Körperteilen befestigt werden. Geeignet sind zum Beispiel Zunge, Hoden, Penis, Schamlippen, Brustwarzen.

160 DIE HODENSCHNUR

5 Meter Schnur

Bei dieser Aufgabe wird eine Schnur an den Hoden oder Schamlippen (mit Klammern) befestigt und über einen Deckenbalken, Ast oder Haken gezogen. Die Person steht dabei aufrecht. Nun zieht man die gefesselten Handgelenke hinter dem Körper nach oben (nicht übertrieben) und befestigt das andere Ende der Schnur daran. Da die Person die Arme nicht lange nach oben halten kann, wird sie automatisch einen schmerzhaften Zug auf die Hoden/Schamlippen ausüben.

161 SANDSPIELE

Trichter

Bei dieser Aufgabe wird der Person anal oder vaginal Sand oder kleine (runde, ohne scharfe Kanten) Kiesel eingeführt. Dabei steckt man den eingeölten Trichter in den Po oder die Scheide und füllt dann durch den Trichter etwas Sand ein. Besonders das Entfernen wird eine große Herausforderung.

#162 ANALDEHNUNG

Dicker Dildo

Der Person wird ein wirklich dicker Dildo geschenkt, mit der Anweisung ihn innerhalb von 7 Tagen anal einzuführen. Die Zeit bis dahin kann die Person für Dehnungsübungen (entsprechende Analdehner gibt es übrigens in jeder Apotheke) nützen. Bitte viel Gleitgel verwenden.

Risiken: Keine, wenn man vorsichtig ist

#163 WEIDEZAUN

Keine

Die Person wird angewiesen, mit ihrer Scham, Penis oder Hoden einen elektrischen Weidezaun zu berühren oder den Zaun anzupinkeln. Meistens passiert dabei gar nichts, weil die Schuhe gut isolierende Sohlen besitzen oder der Zaun gar nicht angeschaltet ist. Aber allein die Angst, dass etwas passieren könnte ...
Wenn es doch funktioniert, bekommt die Personen einen leichten, elektrischen Schlag.
Bitte beachtet die Sicherheitshinweise bei den Elektrospielen.

#164 SAMMELN

Was man findet

Die Person wird bei dieser Aufgabe angewiesen, bei einem Waldspaziergang Dinge zu sammeln, die sie sich anal oder vaginal einführen könnte. Daheim angekommen, führt sie sich die Gegenstände gut gereinigt und eingecremt anal oder vaginal ein. Bitte achtet dabei auf scharfe Kanten. Gut geeignet sind zum Beispiel Eicheln, Kastanien, Äste ohne scharfe Kanten, Pilze (Keine giftigen!) Tannennadeln usw.

#165 WESPENSTICH

Keine

Bei dieser Aufgabe muss die Person barfuß und mit verbundenen Augen über eine Blumenwiese laufen. Ob sie auf eine Wespe tritt? Alternativ kann man eine Wespe mit einem Glas fangen und der Person auf den Körper pressen. Mit etwas Glück sticht die Wespe herzhaft zu.

Risiken: Allergieschock

#166 FOTOBUCH

Fotoalbum

Die Person wird angewiesen, ein pornografische Fotoalbum zu erstellen. Dabei muss sie eine bestimmte Zeit lang jeden Tag ein Pornofoto von sich knipsen, auf Fotopapier ausdrucken und mit Datum versehen einkleben.

#167 KNOCHEN

Knochen (aus Plastik oder echt)

Bei dieser Aufgabe muss die Person eine gewisse Zeit lang einen Knochen im Mund tragen. Das kann natürlich auch etwas anderes sein. Die Person darf ihn ab und an ablegen, der Knochen ist aber immer in ihrer Nähe ... Wuff!

#168 VAGINA VERMESSEN

Lineal oder Meterstab

Bei dieser Aufgabe muss die Person die Tiefe ihrer Vagina vermessen. Im Schreibwarenhandel gibt es 30 Zentimeter lange Lineale aus Plastik oder man verwendet einen Meterstab. Um die Person zu motivieren, das Lineal möglichst tief einzuführen, wird jeder Zentimeter der noch herausschaut als Strafpunkt gewertet. Pro Punkt wird dann eine bestimmte Strafe ausgesprochen.

#169 JENGA

MISC

Jenga

Jenga ist ein Geschicklichkeitsspiel. Es besteht aus 60 (in einigen Ausgaben auch nur 54) gleichen hölzernen Bauteilen in Quaderform der Größe 7,5 x 2,5 x 1 cm, die zu Beginn des Spiels zu einem Turm gestapelt werden, indem immer drei Bausteine nebeneinander zum Liegen kommen. Die Person muss dieses Spiel mit dem Mund aufbauen und der Turm darf dabei nicht umfallen. Sobald der Turm steht, darf sie ihn auch wieder abbauen. Stürzt der Turm ein, gibt es eine Strafe.

#170 SCHMIRGELPAPIER

Feines Schmirgelpapier

Bei dieser Aufgabe werden die erogenen Zonen der Person mit feinem Schmirgelpapier bearbeitet. Am besten reizt man diese Stellen vorher, damit die Person erregt ist. Dann nimmt man das Schmirgelpapier und beginnt zum Beispiel die Brustwarzen, die Eichel oder den Kitzler vorsichtig zu schmirgeln. Bitte verwendet feines Schmirgelpapier und übertriebt es nicht, da die Haut durch das Schmirgeln gereizt und auch oberflächig verletzt wird.

Risiken: Leichte Abschürfungen

#171 KASTANIENSPIEL

Eine ungeschälte Kastanie oder Marone

Besorgt Euch eine ungeschält Kastanie oder Marone. Diese sollte möglichst klein sein. Die Schalen der Kastanien besitzen viele kleine Spitzen. Nun muss sich die Person diese Kastanie entweder unter die Brust klemmen (funktioniert nur bei großen Brüsten) oder zwischen die Pobacken klemmen.
Findet ihr die Kastanien bei einen Herbstspaziergang kann man die Person auch anweisen, sich die Kastanien in den Slip zu stecken. Da macht der restliche Spaziergang doppelt Spaß.

#172 REISSNÄGEL UND KLEBEBAND

Keine

Bei dieser Aufgabe muss sich die Person mit Klebeband eine Reißzwecke auf die Brustwarze kleben und zwar mit der Spitze zur Haut. Dort verbleibt die Reißzwecke eine bestimmte Zeit (z. B. macht man einen Spaziergang). Alternativ kann man die Reißzwecke auch auf den Kitzler kleben ... da macht der Spaziergang ebenfalls doppelt Spaß.

Risiken: Hautirritationen

#173 MELONE FICKEN

Keine

Die Person muss sich eine Melone besorgen. In diese Melone wird ein Loch geschnitten, das genau so groß ist, dass der erigierte Penis hindurch gesteckt werden kann. Nun muss die Person die Melone ficken bis sie kommt.

#174 SCHNALZBAND

Gummiband aus Latex oder Gummi

Bei dieser Aufgabe wird ein Gummiband um den Hoden des Mannes gewickelt und verknotet. Etwa 30 Zentimeter müssen dabei übrigbleiben. Nun zieht man genüsslich am übrig gebliebenen Ende, bis der Schmerz merklich zunimmt und lässt es dann los. Das Gummiband wird daraufhin den Hoden treffen und richtig weh tun.

#175 MAUSEFALLEN DIE ZWEITE

Maus- bzw. Rattenfallen

Nun folgt eine schmerzhafte Strafe. Die Person bekommt an beiden Füßen bzw. an die Zehen Mausefallen geklemmt und muss nun eine bestimmte Zeit so herumlaufen. Nach und nach wird der Schmerz unerträglich.

#176 PIKS

Zahnstocher oder Schaschlikspieße

Bei dieser Aufgabe werden der Person die Augen verbunden und sie wird gefesselt (am besten im Stehen). Nun beginnt man alle erogenen Zonen der Person zu piksen. Gerade Kitzler, Eichel, Anus, Fußsohlen, Pobacken und Brustwarzen sind ideale Stellen.

#177 SOFTAIRPISTOLE

Eine Softairpistole, Schutzbrille

Bei dieser Aufgabe wird die Person stehend gefesselt. Sie ist nackt und trägt eine Schutzbrille. Nun beginnt man mit der Softairpistole auf sie zu schießen. Achtet darauf, dass die Pistole maximal 0,5 Joule Leistung aufbringt und tastet euch langsam heran. Zu Beginn sollte die Entfernung zur Person mindestens 4 Meter betragen. Zielt nur auf das Fettgewebe (Po, Brust, Schenkel, Schamhügel und haltet großen Abstand vom Gesicht).

Risiken: Blutergüsse

#178 PAPIERSCHNITT

Blatt Papier, Pflaster, Desinfektionsspray

Bei dieser Aufgabe wird die Kante eines Blatt Papiers über die Brustwarzen, Penis oder Pussy gezogen. Das führt zu kleinen aber schmerzhaften Schnittverletzungen. Versorgt die kleinen Wunden danach gut und seid vorsichtig (nicht übertreiben).

Risiken: Entzündung der Schnittwunden

#179 BITEBURNER

Ein Biteburner

Für diese Aufgabe benötigt ihr einen Biteburner. Das ist ein Gerät um Insektenstiche durch Hitze zu heilen. Diese handlichen Geräte werden auf den Stich gesetzt und dann ein Knopf gedrückt. Nun erhitzt sich der vordere Bereich für ein paar Sekunden und zerstört die Wirkstoffe der Stiche. Es gibt meistens zwei Einstellungen (Kind und Erwachsener).

#180 NOCHMAL PIKS

Klebeband und Reißzwecken

Besuche mit der Person eine Party oder eine Veranstaltung. Bevor ihr das Haus verlasst, bekommt die Person mittels Klebeband je eine Reißzwecke auf jede Pobacke geklebt (Spitze zur Haut). Setzt sich die Person nun hin, wird es ihr etwas wehtun. Nun hat die Person die Wahl die ganze Zeit zu stehen oder sich hinzusetzen. Natürlich kann man die Person auch bitten (das ist ein Befehl), Platz zu nehmen.

#181 KLAMMERAFFE

Heftklammerentferner

Keine Klammer zur Hand? Kein Problem, mit einem Heftklammerentferner kann man herrlich Schmerzen zubereiten. Einfach die Brustwarzen, die Schamlippen, Fettgewebe oder den Penis zwischen die «Zähne» nehmen und vorsichtig zudrücken.

#182 MÄNNER ENTHAAREN

Wachsstreifen zum Enthaaren

Ist die Person behaart wie ein Yeti? Kein Problem, mit Kaltwachsstreifen kann man sich dieses Problems annehmen. Egal ob die Brust, der Rücken, der Po oder der Schambereich- mit einem Rutsch ist alles weg.

#183 DILDOSITZEN

Dildo mit Saugnapf

Die Person muss eine bestimmte Zeit lang bei jedem Sitzen einen Saugdildo verwenden (anal oder vaginal). Dieser Dildo kann mittels Saugfuß auf einen Stuhl, dem Boden oder anderen ebenen Flächen befestigt werden. So werden Mahlzeiten am Esstisch etwas ganz Besonderes.

#184 WUNDTACKER

Wundtacker (Klammernahtgeräte), Desinfektionsmittel, Pflaster

Mit einem Wundtacker werden der Person kleiner Tackerklammern in den Körper getackert. Wenn man geschickt ist, kann man sogar die Schamlippen zusammen tackern.
Solche Geräte gibt es im Medizinbedarf. Bitte beachtet die Sicherheitshinweise und übertreibt es nicht. Danach ist eine Wundversorgung notwendig.

Risiken: Wundentzündungen

#185 DIE BROMBEERRANKEN

Brombeerranken, Schere, Handschuhe

Die Person wird nackt, mit auf dem Rücken gefesselten Händen auf den Boden gelegt und dann mit mehreren Brombeeranken bedeckt. Die Ranken (Etwa 10 Stück) sollen dabei etwa einen Meter lang sein. Die Person wird sich nun bei jeder noch so kleinen Bewegung an den Ranken stechen.

Risiken: Stichverletzungen

#186 DIE ROSE

Rose mit Dornen

Bei dieser Aufgabe muss sich die Person eine dornige Rose zwischen die Schamlippen oder die Pobacken klemmen und mit zusammengepressten Beinen festhalten. Die Rose muss dabei ohne die Zuhilfenahme der Hände für eine festgelegte Zeitspanne halten.

Risiken: Leichte Pikser

#187 HERUMIRREN

Siehe Text

Bei dieser Aufgabe wird die Person barfuß und mit verbundenen Augen in die Mitte eines Raumes gestellt. Sie bekommt die Aufgabe, einen bestimmten Gegenstand zu finden, der irgendwo von der Decke hängt. Auf dem Boden warten allerdings allerlei Überraschungen in die sie hineintreten kann. Das können zum Beispiel Kronkorken, Bananen, Brennnesseln, ausgeschüttete Nägel mit großen Köpfen, Schalen mit Wasser oder Urin und Strafkarten sein. Tritt sie auf eine der Strafkarten wird die Strafe die darauf vermerkt ist vollzogen.

188 BRÜCKE UND RIEMENPEITSCHE

Peitsche

Bei dieser Aufgabe begibt sich die Person in die sogenannte Brücke und spreizt dabei ihre Beine weit. Nun schlägt der Aufgabensteller der Person mit einer weichen Riemenpeitsche zwischen die Beine. Wie macht man eine Brücke? Hierzu legt man sich zuerst auf den Rücken. Dann stellt man die Füße auf und platziert seine Hände rechts und links neben den Kopf. Nun presst man seinen Oberkörper nach oben und steht nur noch auf den Händen und Füßen. Macht vorher ein paar Dehnungsübungen um Euch warm zu machen.

Risiken: Zerrungen

189 DREIKANTLEISTEN

Peitsche und lange Dreikantleiste

Für diese Aufgabe benötigt ihr eine circa zwei Meter lange Dreikantleiste. Ihr bekommt sie im Baumarkt. Diese Leiste wird nun auf den Boden gelegt und die Person muss unbekleidet darüber balancieren. Eventuell fixiert ihr die Leiste mit etwas Klebeband am Boden.

Während sie dies tut, wird sie mit einer Gerte gezüchtigt. Sollte sie neben die Leiste treten, beginnt das Spiel von vorne. Eine Augenbinde erschwert das Ganze noch einmal.

#190 DER KREIS

Peitsche, Klebeband

Bei dieser Aufgabe wird mittels Klebeband ein Kreis mit einem Durchmesser von 3–4 Metern auf dem Boden markiert (mit Klebeband oder Markierstift). Die Person muss nun nackt und nur mit einem Halsband «bekleidet» über diesen Kreis balancieren. Die Hände der Person sind vor ihrem Körper gefesselt, damit sie ihren Po nicht schützen kann. Der Aufgabensteller befestigt vorher eine Hundeleine am Halsband und steht im Zentrum des Kreises. Nun muss die Peron eine bestimmte Anzahl von Runden auf dem Kreis entlang laufen und darf die Markierung nicht verlassen. Mittels einer Reitgerte kann der Aufgabensteller die Person antreiben.

JETZT WIRD ES EKELIG

Im großen Spielfeld BDSM gibt es auch Praktiken, die auf viele Menschen abstoßend oder ekelig wirken. Hierzu gehören vor allen Dingen Spiele mit Spucke, Kot, Schweiß und Urin.

Aber nicht für jeden sind diese Körperflüssigkeiten (und anderes) nur ekelig. Im erotischen Kontext von Dominanz und Unterwerfung können genau diese Praktiken jedoch sehr lustvoll sein.

Die Sklavin/der Sklave, die/der sich ihrem Herrn/ ihrer Herrin unterwirft liebt eventuell genau das. Sie mag es, angespuckt zu werden, leckt seine Füße oder trinkt seinen Urin. Das «Warum?» zu erklären ist sehr schwierig. Wie will man zum Beispiel einem Heterosexuellen erklären, was schön an der Liebe zwischen Männern ist?

Oder warum mag es ein Sklave ausgepeitscht zu werden, findet aber einen Zahnarztbesuch ohne Betäubungsspritze fürchterlich? Sich einem anderen sexuell zu unterwerfen kann sehr befreiend sein. Man lässt den Alltag los und vertraut einfach, dass es gut wird. Die besondere Tiefe von BDSM-Beziehungen, gepaart mit einem in der SM-Szene weit verbreiteten Verantwortungsgefühl öffnet die Menschen und macht Vieles nicht nur möglich sondern lustvoll.

Die Lust entsteht dabei im Kopf.

Eine Studie zeigt, dass bei sexueller Erregung das Ekelempfinden sinkt. Ansonsten wäre der Oralverkehr gar nicht lustvoll. Wie ist das zu erklären?

Der Geschlechtsakt ist unvereinbar mit Ekel und Angst, er benötigt Vertrauen oder pure Geilheit.

Die Ekelschwelle sinkt bei einer starken sexuellen Erregung, Angst und Ekel werden lustvoll wahrgenommen. Bei einigen Menschen geht es eben deutlich weiter als bei anderen. Die Ursa-

chen (Genetik, Erziehung, Erlebnisse, soziales Umfeld) sind dabei noch nicht zu Ende erforscht.
Letztendlich ist es aber auch egal.
Solange man weder sich noch anderen schadet und alles freiwillig geschieht, hat es niemand zu bewerten. Der eine mag es halt einmal in der Woche in der Missionarsstellung «treiben», der andere liebt es eben facettenreicher- beides ist absolut in Ordnung.

#191 ASCHENPUTTEL

Schüssel und Reis

Aschenputtel muss den Boden vom herumliegenden Reis reinigen. Der Aufgabensteller hat den Reis auf den Boden geschüttet. Nun muss die Person alle Reiskörner mit der Zunge bzw. dem Mund aufheben und in die Schüssel legen.
Das kann je nach Reismenge dauern. Und natürlich kniet sie immer wieder mitten im Reis. Ein paar Gertenschläge motivieren die Person sicherlich schneller zu arbeiten. Natürlich kann der Aufgabensteller den Reis auch mit dem Fuß verteilen und sich die am Fuß haftenden Reiskörner ablecken lassen.
Alternativ kann man auch Konfetti verwenden.

#192 SQUIRTEN

Keine

In den letzten Jahren kam das sogenannte Squirten in Mode. Lange Zeit war es verpönt darüber zu reden und Frauen schämten sich dafür. Als weibliche Ejakulation (Squirten) wird bei der Frau das stoßweise Abspritzen eines Sekrets während des Orgasmus bezeichnet. Das Ejakulat wird beim Orgasmus durch kleine Ausgänge vorderen Bereich der Harnröhre ausgesondert. Das Sekret ist aber kein Urin. Die genaue Zusammensetzung des Ejakulats sowie die Entstehung und die Mechanismen der Absonderung sind noch weitgehend unerforscht. Wie viele Frauen überhaupt «Abspritzen» können ist nicht genau bekannt. Die Erfahrung zeigt, dass es am besten funktioniert, wenn man mit Mittel- und Zeigefinger von innen gegen den Schamhügel presst und die Frau dort heftig «abfingert». Die Strafe besteht nun darin, dass die Person mit dem Ejakulat angespritzt wird. Oder man fängt es auf und macht daraus ein leckeres Eis.

#193 SCHMACKHAFTE SELBSTBEFRIEDIGUNG

Teller, Napf

Bei dieser Aufgabe muss die Person auf den Boden, in einen Slip, auf einen Schuh oder Fuß oder wahlweise auf einen Teller oder in einen Napf abspritzen und das Ganze dann wieder gründlich mit der Zunge sauber machen.

#194 UNTERWÄSCHETAUSCH

Unterwäsche

Bei dieser Aufgabe muss die Person einen ganzen Tag in der getragenen (Sport) Unterwäsche des Aufgabenstellers herumlaufen. Sie geht zur Arbeit, macht Sport, trifft Freunde usw. Zusätzlich kann man noch verlangen, dass die Person in regelmäßigen Abständen auf eine Toilette geht und ein Foto von sich in der Unterwäsche macht. Am Abend steckt man diesen Slip dann genüsslich in den Mund der Person und belässt ihn dort erst einmal.

#195 BAUCHNABEL AUSLECKEN

Keine

Bei dieser Aufgabe muss die Person den (eventuell ungewaschenen) Bauchnabel des Aufgabenstellers genüsslich und gründlich auslecken.

196 SCHMECKEN UND BESCHREIBEN

Keine

Bei dieser Aufgabe muss die Person verschiedene Körpersäfte des Aufgabenstellers kosten und den Geschmack beschreiben. Schweiß, Urin, Pupse (Flatulenz), Zwischenzehendreck, Ohrschmalz, Bauchnabel, Pussysaft, Squirt sind dazu besonders geeignet. Besonders intensiv ist es, dies nach dem Sport zu tun.

197 DAS RATESPIEL

Augenbinde, diverse Soßen, Gewürze

Eine Aufgabe aus meinen Kindertagen.
Bei dieser Aufgabe muss die Person mit verbundenen Augen erraten, welche Substanz ihr gerade verabreicht wird. War es Chillisoße, Urin, Sperma, Leberwurst, Pussygeschmack oder eine Mischung? Die Kostprobe kann wahlweise mit einem Löffel, dem Finger oder auch mit dem großen Zeh verabreicht werden. Errät die Person die Substanz nicht korrekt, können weitere Strafen erfolgen.
Ok, in meinen Kindertagen waren es Zucker, Smarties, Marmelade und Nutella.

#198 LUNGENZUG

Keine

Bei dieser Aufgabe muss die Person ihren Mund oder die Nase auf den Anus des Aufgabenstellers pressen und dann einen tiefen Lungenzug bei einer Flatulenz (Furz) nehmen. Dies kann auch mehrfach geschehen.

#199 TAMPONSPIEL

Tampons

Bei dieser Aufgabe muss die Person der Aufgabenstellerin den Tampon aus der Vagina ziehen- und zwar mit dem Mund. Die Person kann mit den Zähnen den Faden packen und dann vorsichtig den Tampon entfernen. Danach kriecht die Person auf allen Vieren zum Mülleimer und entsorgt ihn ohne zur Hilfenahme der Hände.

#200 LECKSPIEL

Dildo oder Vibrator

Bei dieser Aufgabe befriedigt sich die Aufgabenstellerin selbst mit einem Dildo oder Vibrator (anal oder vaginal). Danach muss die Person den Dildo wieder mit dem Mund und der Zunge reinigen.

#201 ASCHE

Asche

Bei dieser Aufgabe wird die Person von oben bis unten mit Asche eingeschmiert, beziehungsweise eingerieben. Ihr könnt dafür einfach die Holzasche vom letzten Grillabend verwenden. Kein Körperteil wird ausgelassen. Danach verbleibt die Person in diesem Zustand solange man es für richtig hält. Diese Strafe beinhaltet eine Symbolik. Der vedische Feuergott Agni reinigte seinen Körper mit Asche, um seine Sünden abzuwaschen. Zudem badeten die Römer an ihrem Neujahrstag ebenfalls in Asche um das Neue Jahr gereinigt von allen Sünden zu begehen (heute ist dieser Tag wohl der Aschermittwoch). Macht man die Asche zudem nass, ist das eine tolle Sauerei und es juckt beim Trocknen auch herrlich.

#202 BUKKAKE

Keine

Bukkake* bezeichnet(im westlichen Verständnis) eine Gruppensexpraktik, bei der mehrere Männer auf eine weitere Person ejakulieren. Dies geschieht meist in Form der Ejakulation ins Gesicht, der sogenannte Cumshot. Jedoch gibt es auch andere Varianten, wobei der Bereich des Körpers genannt wird, z. B. Brust-Bukkake, Gesäß-Bukkake etc.

Es gibt verschiedene Theorien über den historischen Ursprung von Bukkake. Auf Pornografie-Webseiten wird oft behauptet, die Praxis des Bukkake hätte ihren Ursprung in einem japanischen Brauch, bei dem angeblich öffentlich von mehreren Männern wiederholt auf ehebrecherische Frauen ejakuliert worden wäre. Obwohl diese Theorie in der Pornografie häufig vertreten wird, gibt es keine Belege, die diese Behauptung stützen. Die plausibelste Hypothese besagt, dass Bukkake durch japanische Pornovideo-Produzenten in der ersten Hälfte der 1970er-Jahre bekannt gemacht wurde, um die japanische Zensur zu umgehen. Diese verbietet das direkte Zeigen von Geschlechtsteilen, außer in verpixelter Form. Sperma jedoch fällt nicht der Zensur zum Opfer, so dass in zahlreichen Filmen das Gesicht der Darstellerin zum Fokus wurde.

In den Vereinigten Staaten wurde der Begriff Bukkake durch den Radiomoderator Howard Stern bekannt gemacht, indem er die Webseite Bukkake.com in seiner Radioshow The Howard Stern Show erwähnte. Eine Diskussion über die Bedeutung des Wortes

---

* Quelle: Wikipedia

entbrannte, nachdem die Programmproduzenten damit begannen, den Gebrauch des Wortes zu zensieren, und damit unbeabsichtigt das Interesse schürten.
Bukkake ist das Nomen des japanischen Verbs bukkakeru und bedeutet «Spritzer». Das Wort Bukkake hat in der japanischen Sprache (im Gegensatz zum westlichen Verständnis) keine direkte Verbindung zu sexuellen Handlungen. In Japan wird es häufig verwendet, um das schnelle, druckhafte Austreten – also «Spritzen» – von Wasser (oder anderen Flüssigkeiten) zu beschreiben. So findet sich die Bezeichnung Bukkake auch bei zahlreichen Gerichten, bei denen die Garnierung über Nudeln geschüttet wird, wie etwa bei Soba. Also nicht wundern, solltet ihr einmal ein japanisches Restaurent besuchen- vom Koch ist es nicht.

Bei dieser Aufgabe geht es also darum, eine Person mit möglichst viel Sperma zu bespritzen. Besonders demütigend ist es, das Gesicht zu bespritzen und das Sperma anschließend trocknen zu lassen. Je mehr Mitspieler mitmachen, umso größer ist logischerweise die Menge an Sperma und die Wirkung dieser Strafe/Aufgabe.

203 DIE KAPPE

0-99 2-3

Slip

Bei dieser Aufgabe muss die Person einen getragenen Damenslip als Kappe aufsetzen und zwar so, dass der Bereich des Slips der normalerweise den Intimbereich verdeckt auf der Nase zu liegen kommt. Gerade auf Partys ist das sehr demütigend.

#204 DAUERKONDOM

Kondom

Der Abend war schön, der Mann ist befriedigt (oder musste sich selbst befriedigen) und das Kondom, das nun einsam an seinem Schwanz baumelt, ist gut gefüllt. Nun hat die Person den Drang das Kondom abzuziehen und zu entsorgen. Doch dieses Mal bleibt das Kondom wo es ist. Die Person sitzt an der Bar des Swingerclubs und jeder sieht das Kondom. Irgendwann muss sich die Person anziehen und in diesem Zustand nach Hause fahren. Natürlich kann man auch noch etwas Trinken gehen. Egal was man an diesem Abend noch zu tun gedenkt, das Kondom wird sein steter Begleiter sein.
Alternativ kann man auch der Person anweisen, bereits mit gefüllten Kondom zu einem Date zu erscheinen.

#205 DER KONDOMBECHER

Kondom

Der Sex war gut, das Kondom ist gefüllt. Doch wohin damit? Nun, die Person darf nun das Kondom erst einmal ausschlürfen, dreht es dann auf links und leckt alles sauber. Erst dann wird das Kondom im Müll entsorgt.

206 SCHUHPUTZDIENST DIE ZWEITE

Schuhputzzeug

Bei dieser Aufgabe muss die Person die Schuhe des Aufgabenstellers reinigen, es stehen aber nur der eigene Körper und ein Lappen für die Reinigung der Schuhe zur Verfügung. Der Reinigungsablauf kann wie folgt aussehen:

Reinigungsablauf:

1) Mit Händen grob abwischen
2) Grobe Verschmutzungen mit den Fingern abkratzen.
3) Mit feuchten Schamlippen anfeuchten bzw. abwischen (bei einer weiblichen Person)
4) Mit Sperma befeuchten und abwischen
5) Mit Zunge gründlich sauberlecken
6) Mit Spucke polieren
7) Mit einem Tuch trocken reiben

207 REGENWÜRMER IM SLIP

Regenwürmer

Bei dieser Aufgabe werden der Person lebendige Regenwürmer in den Slip gesteckt. Nun geht man etwas spazieren. Feuchtet den

Slip dabei etwas an, damit die Regenwürmer sich wohlfühlen und nicht austrocknen. Lasst die Regenwürmer nach der Aufgabe auch bitte wieder im Garten frei.
Natürlich kann man die Person auch einfach irgendwo fesseln und dann die Regenwürmer in den Slip stecken. Ganz gemein ist es den Regenwurm an den Eingang der Vagina zu platzieren. Vielleicht krabbelt er ja hinein. (Bitte nicht hineinkrabbeln lassen, nicht dass ihr ihn nicht mehr herausbekommt und zum Arzt müsst ...)

208 REGENWÜRMER DIE ZWEITE

Einen Regenwurm

Bei dieser Aufgabe wird der Person ein lebendiger Regenwurm in den Mund gesteckt. Dort muss er eine bestimmte Zeit verweilen. Lasst den Regenwurm nach der Aufgabe bitte wieder im Garten frei.

209 FUSSPFLEGE

Schere, Feile, Raspel, Creme

Bei dieser Aufgabe muss die Person dem Aufgabensteller eine Fußpflege angedeihen lassen.

Es beginnt mit dem Abknabbern der Fußnägel. Dann wird die Hornhautraspel eingesetzt, die danach von der Person mit der Zunge gereinigt werden muss. Man kann sie auch den Hornhautabrieb auflecken lassen. Auch kann man verlangen, dass die Person die Fußnägel kaut und aufisst. Natürlich müssen die Fußnägel sauber gefeilt werden. Am Schluss werden dem Aufgabensteller die Füße ausgiebig sauber geleckt und mit einer Creme eingecremt.
Fertig ist die Fußpflege.

#210 SCHMUTZIG, SCHMUTZIG

24+ EGAL

Keine

Reinlichkeit ist ein Grundbedürfnis bei den meisten Menschen und somit ist ein Dusch- und Waschverbot für viele ziemlich hart. Die Aufgabe besteht also darin, dass sich die Person eine bestimmte Anzahl von Tagen nicht waschen darf. Um die Aufgabe noch ekeliger zu machen, darf sie auch die Unterwäsche nicht wechseln. Natürlich schickt man die Person zum Sport und geht mit ihr in die Öffentlichkeit schickt sie zur Arbeit (da bitte nicht übertreiben).
Es soll ja jeder sehen (bzw. riechen), was die Person für ein Ferkel ist.

#211 DIE MUNDWÄSCHE

Kernseife

Ist die Person ein Lästermaul oder neigt zur Lüge, gibt es eine gute Methode, ihr das auszutreiben. Man steckt der Person ein großes Stück Seife in den Mund und verhindert mit einem Knebel, einem Tuch oder einem Seil, dass die Person das Seifenstück ausspucken kann. Der Speichel vermengt sich nun mit der Seife und es entsteht ein ekeliger Geschmack. Bitte die Person nicht alleine lassen, falls es zu einem Würgereiz kommt und die Person sich ggfls. übergeben muss. Ideal ist unparfümierte Bioseife (Kernseife).

Risiken: Übelkeit

#212 SCHNÜFFELN

Keine

Der Aufgabensteller geht nun auf die Toilette und verrichtet sein kleines oder auch großes «Geschäft». Nun wird die Person gezwungen ihren Kopf in die Toilettenschüssel zu stecken und ausgiebig daran zu riechen. Ein Mundknebel verhindert dabei, dass die Person durch den Mund atmet um dem Aroma zu entgehen. Natürlich kann man sich auch den ungewaschenen Po oder Schambereich «abschnüffeln» lassen, bevor man Klopapier verwendet.

Risiken: Würgereiz

#213 KÜCHENSPIEL

Keine

Bei dieser Aufgabe wird gemeinsam gekocht. Doch wie so oft fällt oder tropft etwas (natürlich unabsichtlich) zu Boden. Die Aufgabe besteht nun darin, dass die Person alles auflecken muss, was danebengetropft oder hinuntergefallen ist.
Der Aufgabensteller hat sicherlich viel Spaß alles Mögliche auf dem Boden oder den Arbeitsflächen zu verteilen. Sicherlich tropft auch mal etwas auf den Schuh.

#214 SCHIMPFWORTE

Filzstift, Edding

Wie schnell ist es passiert und sie rutschen heraus - Schimpfworte und Flüche?
Die Person muss also diszipliniert werden.
Doch wie?
Hier eine Idee: Der Aufgabesteller schreibt das Unwort mit Lebensmitteln auf den Boden und die Person muss alles auflecken. Hierfür kann man zum Beispiel schlecht schmeckende oder scharfe Gewürze oder Saucen (Curryketchup) verwenden oder Speisen, welche die Person nicht mag.

#215 DER SPEICHELDILDO

Großer Dildo

Bei dieser Aufgabe muss die Person längere Zeit einen Dildo im Mund behalten und zwar ohne Zuhilfenahme der Hände. Der Dildo kann natürlich vorher benutzt worden sein, um der Person auch noch ein Geschmackserlebnis zu schenken. Bereits nach wenigen Sekunden wird der Dildo im Mund unangenehm. Nach kurzer Zeit entstehen erste Würgreize. Durch den Speichelfluss und das zunehmende Gewicht neigt der Dildo zum Herausrutschen.

#216 DAS GEFÜLLTE KONDOM

0-99 EGAL

Keine

Die Person ist geschwätzig und muss ruhig gestellt werden? Schiebt ihr einfach ein benutztes Kondom in den Mund. Das Kondom muss dann dort für eine bestimmte Zeit verbleiben – vielleicht während eines Spazierganges?

#217 MILCHSPENDEN

Keine

Der Aufgabensteller war schwanger und hat reichlich Milch zum Geben?
Die Person wird also aufgefordert wie ein Baby an der Brust zu nuckeln.

#218 RIMMING

Keine

Bei dieser Aufgabe muss die Person das Poloch aller Anwesenden ausgiebig mit der Zunge verwöhnen. Ob dies im Stehen, Liegen oder Sitzen geschieht, bleibt den Teilnehmern überlassen.
Die Anwesenden können sich auch mit dem Po auf das Gesicht der Person setzen. Das Lecken umfasst natürlich auch das Eindringen der Zunge in den Anus. Sollte die Person dies nicht zur vollständigen Zufriedenheit durchführen, können weitere Strafen folgen.

Achtung: Bitte achtet auf Sauberkeit, da Fäkalbakterien durchaus krank machen können.

#219 DIE WINDEL

Erwachsenenwindel

Die Person muss zu allererst einmal eine Erwachsenenwindel kaufen und sich die Bedienung erklären lassen. Daheim angekommen wird die Windel der Person angelegt und verbleibt dort so lange, bis sie mit Urin gefüllt ist. Erst dann darf sie wieder abgenommen werden.

#220 SEKT

Eine Flasche Sekt

Bei dieser Aufgabe lässt man Sekt am Penis entlang in den Mund der Person fließen. Die Person wird alles brav schlucken. Alternativ lässt man den Sekt über die Scham oder durch die Poritze rinnen.

#221 SCHAMHAARFÜTTERUNG

Schere

Bei dieser Aufgabe schneidet der Aufgabensteller etwas von seinem eigenen oder vom Schamhaar der Person ab und steckt es der Person in den Mund. Diese muss die Schamhaare nun kauen und runterschlucken. Achtet bitte darauf, dass Schamhaare nicht verdaulich sind und übertreibt es nicht mit der Menge. Um den gewünschten Ekeleffekt hervorzurufen, reicht bereits eine kleine Menge aus.

222 ERDBEEREN

Eine Schale Erdbeeren

Bei dieser Aufgabe tunkt der Aufgabesteller Erdbeeren in eine Schale mit Urin oder Sperma und füttert damit die Person.

223 RAUCHEN

Zigaretten

Bei dieser Aufgabe klemmt sich der Aufgabensteller eine Zigarette zwischen den großen und dem zweiten Zeh. Der Filter schaut zur Fußsohle hervor. Nun muss die Person die Zigarette rauchen, indem sie ihr Gesicht an die Fußsohle führt und den Filter in den Mund nimmt.
Alternativ muss sich die Person nun die Zigarette zwischen die eigenen Zehen stecken und rauchen.

224 DER NASENHAKEN

Getragene Socken, gebrauchte Kondome usw.

Bei dieser Aufgabe muss die Person etwas Ekelhaftes mit der Nase an eine Wand pressen und dort festhalten.
Verwendet werden können dabei:

- Benutztes Klopapier
- Getragene Socken
- Benütztes Kondom
- Benütztes Taschentuch

225 ANROTZEN

Keine

Bei dieser Aufgabe sollte der Aufgabesteller Schnupfen haben. Warum ein Taschentuch verwenden? Rotze die Person doch einfach an. Am besten ins Gesicht oder gar in den Mund.

226 ASCHENBECHER

Zigaretten

Nun dient die Person als Aschenbecher. Sie kniet also brav neben dem Aufgabensteller und der Mund ist leicht geöffnet. Die Zunge wird weit herausgestreckt. Nun kann der Aufgabensteller genüsslich seine Asche im Mund abschnippen.Achtet darauf, keine Glut mit abzuaschen. Fällt etwas Asche zu Boden, muss die Person die Asche natürlich auflecken.

227 IM GARTEN

Kirschen

Der Aufgabensteller sitzt entspannt im Garten und isst Kirschen.
Die Person sitzt bzw. kniet vor ihm.
Doch wohin mit den Kirschkernen?
Versuche ihn einfach in den geöffneten Mund der Person zu spucken.

#228 TEMPO

Papiertaschentuch

Bei dieser Aufgabe wird der Person ein vollgerotztes Papiertaschentuch in den Mund gesteckt. Dort verbleibt es solange, bis es auch vom Speichel getränkt ist. Diese Aufgabe kann auch über einen Videodienst kontrolliert werden. Dann muss die Person sein eigenes Taschentuch in den Mund stecken.

#229 TOILETTENTELLER

Chips oder Erdnussflips (alles was schwimmt)

Bei dieser Aufgabe wirft man schwimmende Snacks wie Erdnussflips oder Chips in die Toilette. Die Person muss sie dann mit dem Mund wieder herausholen.

#230 UNGEWASCHEN

Keine

Bei dieser Aufgabe wäscht sich der Aufgabensteller einige Tage nicht im Intimbereich. Die Person muss dann den Aufgabensteller oral verwöhnen, bis wieder alles sauber ist.

#231 VERSENKT

Topf/Eimer /Schale

Der Person werden die Arme hinter dem Rücken mittels einer Handschelle gefesselt. Den Schlüssel legt man dann in eine Schale, Eimer oder Ähnliches und pinkelt hinein. Die Person muss nun den Schlüssel mit dem Mund aus dem Gefäß holen.

#232 TEEBEUTEL

Tee, Teekanne

Bei dieser Aufgabe muss die Person den getragenen Socken des Aufgabenstellers als Teebeutel verwenden. Der Tee wird in den

Socken eingefüllt und dann mit kochendem Wasser übergossen. Den Tee etwas ziehen lassen und fertig.

233 SCHOKOBONS

Schokobons

Der Aufgabensteller reinigt vor dieser Aufgabe gründlich seinen Anus. Dann steckt er sich ein paar Schokobons in den Po. Diese Schokobons muss die Person dann essen. Der Aufgabensteller kann sich nun zum Beispiel auf das Gesicht der Person setzen und die Süßigkeiten direkt in den Mund der Person gleiten lassen. Alternativ kann man auch weiche Schokolade verwenden, die sich der Aufgabensteller auf den Anus schmiert und sich dann ablecken lässt. Natürlich kann man auch andere Körperteile mit Schokolade beschmieren wie Achselhöhlen, Füße und den Schambereich.

Risiken: Infektionen bei Krankheiten

234 ASS TO MOUTH

Keine

«Ass to mouth» ist ein Begriff aus der Pornoszene und beschreibt die Praktik nach dem Analverkehr direkt zu Oralverkehr umzusteigen. Und genau darum geht es bei dieser Aufgabe. Der Aufgabensteller vollzieht den Analverkehr und wechselt dann direkt zum Mund. Reinigt den Anus der Person vorher gründlich (Klistier).

Risiken: Infektionen bei Krankheiten

#235 PINKELN

Ersatzkleider

Die Person bekommt die Anweisung bei einem Waldspaziergang in die Hose zu pinkeln. Danach wird der Spaziergang fortgesetzt. Der Aufgabensteller nimmt allerdings Ersatzkleidung mit, die die Person nach einer bestimmten Strecke anziehen darf.
Eine ähnliche Aufgabe kann man auch im eigenen Garten durchführen. Die Person setzt sich bekleidet auf einen Gartenstuhl aus Plastik und muss es dann laufen lassen. Der Aufgabensteller bestimmt nun, wie lange die Person dann noch sitzen bleiben muss.

#236 PINKELN DIE ZWEITE

Flasche

Der Aufgabensteller nimmt eine Flasche seines Urins mit auf einen Spaziergang. Irgendwann schüttet er den Urin über den Kopf der Person. Der Spaziergang wird fortgesetzt, der Urin wird trocknen.

#237 KERZENPOSITION

Keine

Die unbekleidete Person macht in der Dusche eine sogenannte Kerze. Dabei liegt sie auf den Rücken und streckt Becken und Füße gerade zur Decke (mit den Händen unterstützt sie die Hüfte, damit sie nicht umfällt). Nun wird die Person angewiesen zu pinkeln und der Urin wird zumindest teilweise über sie fließen.

#238 FUSSFÜTTERUNG

Lebensmittel

Die Person wird vom Aufgabensteller mit den Füßen gefüttert. Der Aufgabensteller zerquetscht mit dem Fuß Bananen, Erdbeeren usw. und füttert dann die Person damit. Auch hierzu verwendet sie den Fuß. Nach erfolgter Fütterung muss die Person den Fuß mit dem Mund wieder von den Obstresten reinigen.

#239 SPERMABROT

Butterbrot

Bei dieser Aufgabe ejakuliert der Aufgabensteller auf ein Butterbrot, welches die Person dann verspeisen muss.

#240 CURRYWURST

Eine Bockwurst oder Currywurst

Der Aufgabensteller führt sich eine Wurst anal oder vaginal ein. Danach muss die Person die Wurst verspeisen. Bitte achtet dabei auf Fäkalbakterien, diese sollten nicht in die Vagina gelangen.

#241 DAS EI

Ein Ei, ein Trichter

Bei dieser Aufgabe führt man der Person einen kleinen Trichter in den Anus ein. Dann schlägt man ein Ei auf und lässt es durch den Trichter in den Anus der Person gleiten. Dort verbleibt das Ei einige Zeit.

#242 HONIGSPIELE 1

Honig

Bei dieser Aufgabe muss die Person ihre Scham oder den Penis mit Honig einschmieren und sich dann selbst befriedigen. Nach dem «Happy Ending» wird die Mischung aus eigenem Saft und Honig von den Fingern geleckt.

#243 SPERMALÖFFELN

Tasse, Löffel

Musste die Person im ersten Band dieser Buchreihe sein eigenes Sperma schlucken, wird nun das Sperma des Aufgabenstellers verwendet. Dieser spritzt seinen Samen in eine kleine Tasse und die Person muss dann das Sperma mit einem Löffel auslöffeln. Das Sperma darf dabei aber nicht sofort geschluckt werden, sondern muss eine Weil im Mundraum verbleiben. Eventuell kann man den Geschmack mit etwas Zucker oder Tee «aufpeppen».

#244 DIE RAUMECKEN

Keine

Die Person hatte die Aufgabe bekommen, die Böden zu saugen und zu wischen. Sobald sie damit fertig ist bekommt sie die Anweisung alle Raumecken mit der Zunge sauber zu lecken. War sie gründlich, ist das kein Problem, war sie jedoch nicht gründlich, wird sie Einiges an Staub schlucken müssen.

#245 IM SCHEINWERFERLICHT

Keine

Die Person muss nachts auf die Toilette?
Zeit für einen kleinen Ausflug.
Man fährt mit der Person auf einen Parkplatz/Waldparkplatz. Dort muss sie sich vor das Auto stellen und die Scheinwerfer werden aufgeblendet. Die Person muss sich nun komplett entkleiden und dann im Scheinwerferlicht pinkeln. Der Aufgabensteller kann nebenher ein hübsches Foto machen.

Risiken: Erregung öffentlichen Ärgernisses

246 RUSSISCHER KUSS

Keine

Unter einem russischen Kuss versteht man Folgendes: Der Aufgabesteller gibt der Person einen Blowjob, bis die Person abspritzt. Nun küsst der Aufgabensteller die Person und schiebt das Sperma in dessen Mund. Die Person muss dann ihr eigenes Sperma schlucken.

OUTDOOR – DIE LUST AM ERWISCHTWERDEN

Gehen wir einen weiteren Schritt – gehen wir in die Öffentlichkeit. Als erstes möchte ich Euch bitten, bei Spielen in der Öffentlichkeit Rücksicht auf andere zu nehmen.

Gerade kleine Kinder können gewisse Geschehnisse nicht einordnen und reagieren verstört. Dafür habe ich vollstes Verständnis, wenn Eltern beispielsweise eine Anzeige wegen Erregung öffentlichen Ärgernisses erstatten. Es gibt genügend Möglichkeiten Outdoorspiele durchzuführen, ohne dass man andere Menschen mit hineinzieht. Man kann das gut über die Wahl der Orte, die Uhrzeit und den Wochentag steuern. Wird man dann doch von einem Spaziergänger überrascht, ist es meistens nicht so schlimm oder man hat noch genügend Zeit das «Schlimmste» zu verdecken.

Die Angst und somit der Kick des «Erwischtwerdens» bleibt Euch also erhalten ...

Einige der nachfolgenden Aufgaben und Strafen können mitten in der Fußgängerzone oder in einem Restaurant durchgeführt werden. Meistens wird niemand etwas merken und wenn doch ist es nicht so dramatisch.

#247 ANALPLUG

Analplug

Bei dieser Aufgabe muss die Person sich selbst einen Analplug einführen und damit das Treppenhaus eines Hochhauses hochlaufen. Ist der Aufgabensteller nicht anwesend, kann die Person als Beweis von verschiedenen Stockwerken Fotos machen. Pro Stockwerk sind somit zwei Bilder erforderlich. Eines, auf dem man die Etagenzahl deutlich sehen kann und ein weiteres, auf dem, klar erkennbar, der Plug in ihrem Po steckt. Daher sollte die Person bei der Erfüllung dieser Aufgabe nur einen kurzen Rock oder eine Shorts tragen. Eine Verschärfung der Aufgabe wäre der Einsatz von Inwgersaft, mit dem der Plug vorher eingeschmiert wird. Der Ingwer sorgt dafür, dass es im Anus richtig warm wird. Solche Plugs erhält man in Edelstahl oder Gummiausführung in jedem besseren Erotikhandel

#248 DIE LIEBESKUGELN AUF LAUFBAND

Liebeskugel

Trainiert die Person öfters im Fitnessstudio? Gut, dann kann sie sich das nächste Mal Liebeskugel vaginal einführen und eine Runde auf dem Laufband trainieren. Am geeignetsten ist dabei eine Ausführung der Liebeskugeln, die bei Bewegung einen Klang erzeugen. Auch wenn der Ton durch das Einführen nur noch leise zu hören ist, wird ein aufmerksamer Beobachter doch verstehen, was da gerade passiert.

249 NUDE IN PUBLIC (NIP)

Fotoapparat

Die Aufgabe besteht darin, in einem sehr kurzen Rock und ohne Unterwäsche in ein öffentliches Kaffee zu gehen oder sich auf eine Parkbank zu setzen. Die Frau muss sich dabei so hinsetzen, dass Vorübergehende oder gegenüber Sitzende unter ihren Rock schauen können. Die Beine müssen also beim Sitzen leicht gespreizt bleiben und dürfen nicht übereinander geschlagen werden. Als Verschärfung der Aufgabe kann der Aufgabensteller auch Fotos davon machen. So ein Shooting zieht mit Sicherheit weitere Blicke auf die Szenerie. Eine weitere Steigerung wäre, die Frau selbst Fotos von Ihrem Schritt machen zu lassen, die sie dann per SMS sofort an den Partner weiterzuleiten hat.
Ist der Aufgabensteller nicht anwesend, kann man von der Frau verlangen, die Fotos von einem Fremden machen zu lassen. Sie lächelt dann in die Kamera während sie dem Fotografen einen Blick unter ihren Rock gönnt.
Achtet aber bei Spielen wie diesen bitte darauf, dass keine Kinder oder Jugendlichen anwesend sind.

Risiken: Ein geringes Risiko wegen Erregung öffentlichen Ärgernisses.

250 SLIP ZEIGEN, NIP3

Keine

Bei dieser Aufgabe lädt man sich einige Freunde zu einem gemütlichen Abend ein. Die Person trägt dabei einen kurzen Rock und einen hautfarbenen Slip. Ist man ganz mutig kann man es auch ohne Slip machen. Nun setzt sich die Person immer wie so hin, dass anwesende Gäste wie zufällig unter ihren Rock schauen können. Das Ganze muss wirklich so wirken, als ob es unabsichtlich passiert. Wie viele der Freunde wohl einen indiskreten Blick riskieren werden?

251 SLIPLESS IN S-BAHN EINE STATION MIT GESPREIZTEN BEINEN

Keine

Eine schöne Variante ist es sich in eine gut gefüllte S-Bahn zu setzen und den Fahrgästen einen Blick unter den Rock zu gönnen.

252 ICH WAR UNARTIG

Fotoapparat

Bei dieser Aufgabe muss sich die Person einen bestimmten Satz oder ein Wort mit einem wasserfesten Stift auf den Körper schreiben. Dieser Satz oder das Wort muss für alle gut lesbar sein und die Person muss den ganzen Tag damit herumlaufen.

Bei einem Besuch in der Sauna könnte der verlangte Satz oder das verlangte Wort zum Beispiel auf Brust oder Po, im Alltag hingegen auf dem Handrücken geschrieben stehen..

Nachfolgend ein paar mögliche Beispielsätze:

«Ich war unartig»

«Ich bin ein böses Mädchen»

«Schlampe»

«Untreuer Ehemann»

«Fußfetischist»

«Spank me!»

Oder etwas versteckter und nicht gleich für jeden erkennbar oder verstehbar:

«‹O›» (Das O-Zeichen für eine Sklavin)

«Cuckold» (Beschreibt einen Mann, der es genießt, wenn seine Frau mit anderen Sex hat).

Ist die Person den Tag über alleine unterwegs, bekommt sie zusätzlich die Aufgabe, in regelmäßigen Abständen Fotos per SMS beziehungsweise per MMS zu schicken.

#253 HINEINGEBEUGT

Fotoapparat

Bei dieser Aufgabe fährt man mit der Person auf einen gut frequentierten Parkplatz. Sie trägt hohe Schuhe, halterlose Strümpfe oder Strapse und einen sehr kurzen Rock.
Nun wird ein Autofenster geöffnet und die Person beugt sich ganz weit ins Fahrzeuginnere, so als ob sie etwas suchen würde. Der Aufgabensteller kann genüsslich mit ein paar Metern Abstand zusehen, wie die Öffentlichkeit reagiert.
Alternativ kann sie auch einen längeren Rock tragen und diesen wie zufällig unter den Slip nach oben klemmen, so als ob sie nach dem Toilettengang beim Anziehen unachtsam gewesen war.

#254 IM FREIBAD

Keine

Die Person bekommt die Aufgabe, sich im Freibad unter Wasser selbst zu befingern. Ob sie es schafft zu kommen?

#255 IM FREIBAD 2

Keine

Der Aufgabensteller erregt die Person unter Wasser derart, dass sie ein steifes Glied bekommt. Alternativ kann man der Person auch anweisen, sich selbst zu befriedigen.
Ob man die Person dann solange im Wasser lässt, bis die Erektion wieder vorbei ist oder die Person anweist, nun das Becken zu verlassen, überlasse ich Euch.

#256 DER GESCHMINKTE MANN

Fotoapparat

Bei dieser Aufgabe muss die Person (in diesem Falle ein Mann) ihr Gesicht schminken und dann so geschminkt einkaufen gehen. Der rote Lippenstift wird sicherlich vielen Menschen auffallen, soviel sei Gewiss! Eine weitere Möglichkeit bestünde darin, die Person zum Bummeln in eine Einkaufsstraße oder ein Kaufhaus zu schicken, wo sie dann Leute darum bitten muss, ein Foto von ihr zu machen. Diese Fotos dienen dann gleichzeitig als Beweis dafür, dass die Aufgabe erfüllt wurde.
Alternativ kann man der Person lediglich die Fußnägel auffallend rot lackieren und mit ihm ins Freibad oder eine Sauna gehen. Ein

Spaziergang mit offenen Sandalen kann auch recht amüsant sein. Auch mit den Fingernägeln funktioniert dies gut.

257 REIZVOLLER WALDSPAZIERGANG

Fotoapparat

Bei dieser Aufgabe muss die Person nackt oder in ihrer schönsten Reizwäsche ein Fotoshooting in freier Natur mitmachen. Der Aufgabensteller gibt entsprechende Regieanweisungen für das Posing. Ein einsamer Platz findet sich leicht außerhalb der Städte in Wald und Flur. Die Fotos können dann auch in den entsprechenden Erotik-Communities gezeigt werden. So haben auch noch andere etwas vom reizvollen Anblick.
Achtet dabei darauf, dass alle Gesichter unkenntlich gemacht werden.

Risiken: Es gibt das Risiko «erwischt» zu werden.

258 DAS NAMENSSCHILD

Namensschild, Fotoapparat

Bei dieser Aufgabe muss die Person mit einem Namensschild in eine Kneipe gehen, auf dem das Wort «Schlampe», «Hure», «Versager» oder ähnliches geschrieben steht. Als weitere Herausfor-

derung kann man auch verlangen, dass die Person einen Fremden darum bitten soll, sie so zu fotografieren.
Um den eigenen Spaß zu vergrößern, kann man sich das Ganze als Begleitung oder aus ein paar Metern Entfernung entspannt anschauen.

259 DAS GLOCKENSPIEL

Kleine Glöckchen

Bei dieser Aufgabe muss die Person ein kleines Glöckchen tragen, das bei jeder Berührung bimmelt.
Gute Plätze sind:

- mit einer Sicherheitsnadel am Po
- am Hosenbein über dem Schuh
- am Intimpiercing (dann bimmelt es beim Laufen).

Diese Aufgabe ist zwar nicht im erotischen Umfeld angesiedelt, aber durch die Demütigung gerade im Bereich von BDSM Spielen gut geeignet.

260 JOGGING

Schnur und Penisring

Der Person werden mit einer Schnur oder vielen kleinen Gummis mehrfach beide Hoden umwickelt, sodass sie fest und straff sind. In diesem Zustand schickt man die Person eine Runde Joggen. Das ganze kann noch verstärkt werden, indem man die Person noch ein Gewicht am Hoden befestigt. Hierfür gibt es im Erotik-Fachhandel passende Metallringe die um den Hodensack gelegt und mittels einer Schraube fixiert werden (Schlagworte: Hodenring, Ballstretcher). Besitzt man keinen solchen Ring, können auch andere Gewichte befestigt werden. Auf eine Unterhose muss die Person dann natürlich verzichten.

Risiken: Keine, wenn man es nicht übertreibt

261 DER BAUMSTUMPF

Kondom, Messer

Bei dieser Aufgabe muss die Person im Wald einen umgestürzten Baum suchen, an dem ein Aststumpf hervorragt. Über diesen Stumpf muss sie ein (besser mehrere) Kondom ziehen und sich dann den Ast vaginal oder anal vorsichtig einführen. Sollte der Ast

zu viele scharfe Kanten haben, kann man diese vorher mit einem Messer grob entfernen.
Ein Beweisfoto ist angebracht, sollte die Aufgabe virtuell gestellt worden sein.

Risiken: Keine, wenn man vorsichtig ist

262 DER NACHTISCH

Keine

Bei dieser Aufgabe muss die Person nach dem Essen in einem Restaurant die Nachtischschale bzw. den Teller sauberlecken. Am besten geht man in ein Restaurant, das nicht direkt am Wohnort liegt, sonst wird man schnell zum Stadtgespräch.

263 SHOPPING

Keine

Diese Aufgabe ist vor allen Dingen für eitle und modebewusste Frauen geeignet.
Bei dieser Aufgabe muss die Person einkaufen gehen und zwar:

- Ungekämmt

- Ungeschminkt
- Im alten Jogginganzug (fleckig)
- In Hausschlappen

Diese Aufgabe wird die meisten Frauen große Überwindung kosten.

264 JOGGEN UND TANZEN

Analplug oder Dildo

Bei dieser Aufgabe muss sich die Person einen Dildo oder Analplug rektal einführen und dann joggen gehen. Geeignete Dildos und Plugs besitzen im hinteren Bereich eine Verjüngung, um die sich der Schließmuskel schließen kann. Somit kann der Plug nicht ohne Weiteres herausrutschen. Man findet diese Sextoys im Onlinehandel oder im Erotik-Fachgeschäften. Achtet beim Kauf unbedingt auf gute Qualität und die passende Größe. Manchmal ist weniger mehr ...
Gerade bei längeren Strecken wird dies rasch unangenehm und/oder vielleicht auch etwas lustvoll. Alternativ kann man auch auf eine Tanzveranstaltung oder in eine Discothek gehen.

#265 REIZWÄSCHE KAUFEN

Keine

Bei dieser Aufgabe muss die Person Reizwäsche einkaufen gehen. Dazu gehört natürlich eine umfangreiche Beratung durch eine Verkäuferin. Will man es auf die Spitze treiben muss die Person durchblicken lassen, dass die Wäsche für ihn bestimmt ist.
«Haben sie das auch in meiner Größe»
«Glauben sie, mir würde das stehen?»
Über das Mikrofon des angeschalteten Mobiltelefons kann der Aufgabesteller alles mithören und die Erfüllung der Aufgabe kontrollieren. Daheim angekommen, muss die Person die Reizwäsche vorführen und gegebenenfalls ein Foto davon verschicken.

#266 METALLDILDO

Metalldildo

Bei dieser Aufgabe muss die Person einen Metalldildo ins Handgepäck für einen gemeinsamen Flug legen. Sicherlich wird dieser seltsame Gegenstand die Aufmerksamkeit der Beamten am Durchleuchtungsapparat wecken und das Handgepäck muss geöffnet werden ...

267 DAS DILDOFOTO

Ein Dildo

Bei dieser Aufgabe muss sich die Person in der Öffentlichkeit (Marktplatz, Einkaufsstraße) einen Dildo in den Mund stecken und ein Foto davon machen. Dieses Foto wird an den Aufgabensteller per SMS oder Mail übersendet. Auf dem Foto muss ebenfalls gut zu erkennen sein, dass die Person nicht alleine ist. Das können dann zum Beispiel fremde Personen im Hintergrund sein usw.
Eine Erweiterung dieser Aufgabe könnte sein, dass die Person einen Fremden fragen muss (Wette verloren ...), ob er das Foto machen könnte.

268 EXHIBITIONIST

Keine

Diese Aufgabe ist eher für Frauen geeignet. Bei Männern wird dann doch schnell die Polizei gerufen ...
Bei dieser Aufgabe muss die Person nur mit einem Mantel bekleidet nachts (dann sind keine Kinder unterwegs) an einer viel befahrenen Straße entlanglaufen. Am geeignetsten sind dabei die Hauptstraßen in der Stadt, an denen die Autos nur schlecht anhalten oder umdrehen können.

Jedes Mal wenn ein mit Männern besetztes Auto vorbei fährt, öffnet sie kurz den Mantel und zeigt sich den Autofahrern. Das ganze sollte man aber nach ein paar Minuten beenden und sich vorsichtshalber entfernen.

Risiken: Erregung öffentlichen Ärgernisses

269 DAS STOPPELFELD

Keine

Herbstzeit ist Erntezeit ... und nach dem Abernten von Weizen und Roggen stehen schöne Stoppelfelder zur Verfügung. Bei dieser Aufgabe muss die Person barfuß über ein Stoppelfeld spazieren gehen. Jeder Schritt birgt die schmerzhafte Gefahr in sich auf einen dieser Stoppeln zu treten. Erschwerend kann man von der Person auch verlangen, kurze Joggingeinlagen durchzuführen oder eine Augenbinde zu tragen. In diesem Fall ist es der Person fast unmöglich nicht auf irgendwelche spitzen Stoppeln zu treten.

270 HERBSTSPAZIERGANG DIE ZWEITE

Ein Maislabyrinth

Im Spätsommer beziehungsweise Herbst gestalten einige Landwirte ihr Maisfelder zu sogenannten Maislabyrinthe um. Abends ist es dort meistens recht menschenleer. Die Aufgabe besteht nun darin, dass die Person das Maislabyrinth unbekleidet durchlaufen muss. Gerade bei Labyrinthen, die mehr einem Irrgarten gleichen, ist es unter Umständen etwas aufwendiger den Ausgang zu finden. Maislabyrinthe findet man an vielen Orten in Deutschland.

271 REITEN

Keine

Bei dieser Aufgabe geht man mit der Person in einen einsam gelegenen Wald und sucht sich einen umgestürzten Baum. Nun muss sich die Person untenrum entkleiden und sich rittlings auf den Baum setzen und diesen reiten. Das wird rasch sehr unangenehm, vor allen Dingen dann, wenn der Baum einen sehr großen Umfang besitzt oder der Durchmesser sehr klein ist und die Person den Boden nicht mit den Füßen berühren kann. Dann lastet das Körpergewicht auf dem Scham-Damm Bereich.

Risiken: Eventuell Erregung Öffentlichen Ärgernisses

272 VIER PFOSTEN IM GARTEN

Keine

Bei dieser Aufgabe wird die Person auf einem privaten und nicht einsehbaren Grundstück nackt an vier Pfosten gefesselt. Sie liegt dabei auf dem Rücken. Die Augen werden der Person verbunden und sie wird geknebelt.
Dort bleibt sie nun einfach liegen, bis sich Insekten und Mücken an ihr zu schaffen machen. Achtet unbedingt darauf, dass die Person nicht in der prallen Sonne liegt und einen Hitzschlag bekommt. Bei aufziehendem Gewitter sollte man die Person unbedingt befreien. Ein kleiner Regenschauer hingegen kann sehr erfrischend sein und das Erlebnis noch verstärken.
Als Erweiterung dieser Aufgabe, kann man auch einige zusätzlichen Mitspieler einladen, die sich an ihr etwas «vergreifen».

Risiken: Erregung öffentlichen Ärgernisses

273 BARFUSS

Keine

Bei dieser Aufgabe geht man mit der Person quer durch den Wald spazieren. Allerdings darf die Person dabei keine Schuhe tragen, sondern muss barfuß laufen. Tannennadeln, Äste, Tannenzapfen usw. werden den Spaziergang zu einer Tortur machen.

274 DER VERSCHMIERTE MUND

2–3 SS

Keine

Bei dieser Aufgabe geht man mit der Person in ein gutes Restaurant essen. Nun muss sich die Person etwas Soße auf die Backe oder auf die Oberlippe schmieren. Sie sieht nun aus wie ein kleines Kind, das gerade ein Schokoladeneis gegessen hat. So verbringt die Person nun unter den Blicken der Anwesenden und des Personals einen entspannten Abend.

275 PEINLICHES SCHILD

Ein Pappschild

Die Person hat etwas Schlimmes getan?
Mache es öffentlich!
Die Person muss also ein mindestens DIN A4 großes Schild in der Öffentlichkeit tragen, auf dem das Vergehen gut leserlich aufgeschrieben ist.
«Ich habe meine Frau betrogen»
«Ich habe vergessen, den Müll runter zu tragen»

«Ich bin ein schlechter Liebhaber»
Es gibt viele Vergehen, für die man die Person bestrafen kann.

Risiken: Erregung öffentlichen Ärgernisses

276 MENSTRUATION

Tampon und Kamera

Bei dieser Aufgabe muss die Person, nachdem sie eine SMS erhalten hat, innerhalb von einer Stunde eine Foto von ihrer Scham mit heraus hängendem Tamponfaden an den Aufgabensteller übersenden. Ein weiteres Foto zeigt dann den gebrauchten (blutigen) Tampon. Der Aufgabensteller sollte dabei darauf achten, dass sich die Person in einem Umfeld aufhält, auf dem sie zur Toilette gehen kann, wie zum Beispiel die Arbeitsstelle, das Sportstudio usw.

277 WINTER 1 – ENGEL

Keine

Bei dieser Aufgabe unternimmt man mit der Person einen Winterspaziergang. An einer einsamen Stelle muss sich die Person nackt in den Neuschnee legen und einen sogenannten «Engel» machen.

Hierzu legt sich die Person entweder auf den Bauch oder Rücken und bewegt dann die ausgestreckten Arme auf und ab. Dadurch entsteht eine Silhouette im Schnee, die einem Engel gleicht.

Risiken: Keine, wenn man es nicht übertreibt

278 WINTER 2 – EINSEIFEN

Keine

Bei dieser Aufgabe unternimmt man mit der Person ebenfalls einen Winterspaziergang. Auch hier muss sie sich an einer einsamen Stelle nackt ausziehen und dann auf allen Vieren hinknien. Nun kann der Aufgabensteller die Person genüsslich mit Schnee einseifen. Vor allem zwischen den Beinen ist dies ein Heidenspaß.

Risiken: Keine, wenn man es nicht übertreibt

279 DER FEHLENDE SOCKEN

Keine

Bei dieser Aufgabe darf die Person morgens nur einen Socken anziehen und muss den ganzen Tag so herumlaufen. Ob es jemand bemerkt?

#280 TOMATEN

Viele reife Tomaten, Schutzbrille

Bei dieser Aufgabe wird die Person nackt an einen Baum gefesselt und dann mit reifen Tomaten beworfen. Natürlich kann man der Person auch eine Tomate in den Mund stecken und diese mit einem Seil fixieren. Die Tomaten sollten möglichst reif und weich sein. Bitte achtet beim Werfen darauf, nicht die Augen zu treffen und verwendet eventuell sogar eine Schutzbrille.

Risiken: Erregung öffentlichen Ärgernisses

#281 ICH LIEBE DICH!

Keine

Bei dieser Aufgabe besucht man mit der Person die Haupteinkaufsstraße einer Großstadt. Nun erhält die Person die Aufgabe, sich vor den Aufgabensteller oder eine fremden Person hinzuknien und laut *«Ich liebe Dich», «Lass mich Dein Sklave sein» oder «Ich will Sex mit Dir» zu schreien.*

282 ERBSEN IM SLIP

Erbsen

Bei dieser Aufgabe muss sich die Person eine Handvoll Erbsen in den Slip legen und dann ganz normal zur Arbeit oder in den Sport gehen. Auch ein kleiner Spaziergang ist sicherlich lustig.
Die Erbsen werden bald unangenehm und beginnen zu reiben. Eventuell fällt auch eine heraus und man erntet irritierte Blicke. Auch das Hinsetzen ist irgendwie «komisch».

283 HODENFESSEL MIT SPAZIERGANG

2 Meter Schnur

Für diese Aufgabe bindet man den Hoden an einen Oberschenkel fest, indem man die Schnur mehrfach eng oberhalb der Hoden um den Oberschenkel wickelt. Der Hoden wird quasi an den Oberschenkel gefesselt. Nun geht man spazieren oder treibt etwas Sport und es wird schnell sehr unangenehm.

Risiken: Hautirritationen

284 FAHRRADGEPÄCKTRÄGER

Fahrrad

Für diese Aufgabe benötigt man ein Fahrrad mit Klapp-Gepäckträger. Diese Gepäckträger besitzen ein unter Federspannung stehenden Bügel (Federklappe genannt), mit dessen Hilfe man einen Einkaufskorb hinter dem Fahrradsattel befestigen kann. Nun wird der Bügel nach oben gezogen und die Person muss sein Glied auf den Gepäckträger legen. Nun lässt man die unter Spannung stehende Federklappe langsam los und klemmt das Glied ein. In dieser Position muss die Person nun stehen bleiben.
Bitte lasst den Bügel nicht einfach schnalzen, das kann zu Gewebeverletzungen führen.

Risiken: Erregung öffentlichen Ärgernisses

285 DIE BESTELLUNG

Keine

Bei dieser Aufgabe geht man mit der Person in ein Restaurant. Sobald die Bedienung kommt und die Speisekarten übergeben möchte sagt der Aufgabensteller, «Er/sie benötigt keine. Ich bestelle für den Dummkopf mit».

Auf die Frage nach den Getränken antwortet man » Ich nehme einen Wein und der Dummkopf bekommt ein Glas Wasser».
Nun wird bestellt.
«Ich nehme den Hirschbraten und der Dummkopf bekommt einen Salat»
Auf die Frage nach dem Dessert antwortet der Aufgabensteller, «Ich nehme einen Espresso und Dummkopf bekommt nichts, er ist eh zu dick.»
Nun kommt die Rechnung.
«Zusammen oder getrennt?»
«Dummkopf zahlt zusammen.»
Das ganze kann man natürlich beliebig ausbauen, allerdings solltet ihr das nicht in eurem Lieblingsrestaurant machen ...

286 AUSGESETZT

Keine

Bei dieser Aufgabe wird die Person unpassend gekleidet irgendwo in der Haupteinkaufsstraße in der Innenstadt «ausgesetzt».
Beispiele:

- Badeanzug und Heels
- Barfuß im Winter
- Sehr dünne oder durchsichtige Bluse
- Ein Mann in engen Leggins

Nun bekommt sie die Aufgabe, einmal quer durch die Stadt zu laufen, um an einer anderen Stelle wieder mit dem Auto abgeholt zu werden. Sie hat weder Ausweis noch Geld dabei, nur das Handy ist ihr erlaubt.

Natürlich kann man diese Aufgabe noch etwas aufpeppen, indem man sie am Zielpunkt gar nicht erwartet, sondern noch per Telefon weiter schickt.

Risiken: Erregung öffentlichen Ärgernisses

287 BRÜCKE

Keine

Die Person muss sich nackt (ggfls. trägt sie einen langen Mantel und öffnet ihn dann) auf eine Autobahnbrücke stellen und sich den LKW-Fahrern präsentieren, die unter der Brücke hindurchfahren. Macht das aber nicht zu lange und verdrückt euch wieder bevor die Polizei kommt.

Risiken: Erregung öffentlichen Ärgernisses

288 ICH TRAGE EINEN PLUG

Ein kleiner Metallplug

Für diese Aufgabe benötigt ihr einen kleinen Analplug aus Metall. Es gibt sie mit einem Glitzerstein am äußeren Ende (Glitzerplug für die Suchmaschine). Diesen Plug hängt sich die Person an einer Schnur um den Hals und man besucht dann gemeinsam eine Bar.

289 DIE HANDSCHELLE

Handschellen

Für diese Aufgabe benötigt ihr Handschellen (gerne auch Plüschhandschellen). Der Person werden damit die Hände auf den Rücken gefesselt. Dann geht man mit der Person abends in eine Bar. Trinken kann sie dann natürlich nur mit einem Strohhalm.

290 TOILETTENGANG

Keine

Aufgabe: Gehe auf eine öffentliche Toilette, allerdings auf die des anderen Geschlechts. Lass dich nicht von Blicken oder Protesten abhalten.

Risiken: Erregung öffentlichen Ärgernisses

291 TOILETTENGANG TEIL 2

Keine

Aufgabe: Uriniere in das Waschbecken einer öffentlichen Toilette.

Risiken: Erregung öffentlichen Ärgernisses

292 GEH RAN, SCHLAMPE

EGAL

Telefon

Der Aufgabensteller spricht der Person einen neuen Klingelton auf das Mobiltelefon. Folgende Beispiele sind dabei möglich:

- «Geh ran, Schlampe!»
- Stöhngeräusche
- «Geh ran, Du Schwachkopf!»

#293 CABRIO UND SLIP

Keine

Die Person muss während einer Autofahrt ihren Slip und/oder BH ausziehen und aus dem fahrenden Auto halten.

#294 IM SEXSHOP IN REIZWÄSCHE

Keine

Gehe mit der Person in einen Sexshop. Dort muss sie unterschiedliche Outfits anziehen und Dir vorführen und zwar so, dass alle anderen Besucher des Sexshop auch etwas davon haben.

#295 SCHAUFENSTERFIGUR IM SEXSHOP

Keine

Für diese Aufgabe benötigst Du einen netten Sexshopsbesitzer. Die Aufgabe besteht darin, sich als Schaufensterpuppe in das Schaufenster des Shops zu stellen und dort bewegungslos zu verharren. Natürlich ist die Person dabei besonders sexy gekleidet.

Risiken: Erregung öffentlichen Ärgernisses

296 BODYPAINTING

Farben

Bei dieser aufwendigen Aufgabe wird der Person ein gutes Bodypainting am Oberkörper angebracht. Das Painting soll eine Bluse oder ein T-Shirt nachbilden. Dann geht man mit der Dame in der Stadt spazieren. Ob es jemanden auffällt?

Risiken: Erregung öffentlichen Ärgernisses

297 AUTO UND HANDSCHELLE

Handschellen

Bei dieser Aufgabe wird die Person aufreizend gekleidet auf den Rücksitz eines Autos platziert. Ihre Hand wird mit einer Handschelle am Haltgriff befestigt. Dann geht der Aufgabensteller einkaufen.

Die Fensterscheiben sind dabei herunter gelassen. Ob es jemand bemerkt?

Risiken: Erregung öffentlichen Ärgernisses

#298 SCHNIPSELJAGD

Keine

Die Person erhält einen Brief mit einem Stadtplan auf dem mehrere Plätze markiert sind. Nun hat sie eine festgelegte Zeit an jedem dieser Plätze ein erotisches Foto zu knipsen und dem Aufgabensteller zuzusenden. Für das Fotografieren kann sie sich auch einen Helfer einladen.

Fotoideen:

- Brüste kurz für das Foto entblößen.
- Den Po kurz präsentieren.
- Den Rock anheben.
- Die Brüste mit beiden Händen unter dem T-Shirt umfassen.

Risiken: Erregung öffentlichen Ärgernisses

#299 PARKMÜNZEN

Überraschungsei oder Kondom

Der Person werden daheim die Münzen für den Parkautomaten vaginal eingeführt. Hierfür verwendet man ein Kondom oder einen eiförmigen, gut verschließbaren Behälter, wie zum Beispiel ein Überraschungsei. Sobald man den Parkautomaten füttern muss, muss die Person die Parkmünzen aus ihrer Scham ziehen.

Risiken: Erregung öffentlichen Ärgernisses

#300 SPERMAFLECKEN

Keine

Die Person muss mit gut sichtbaren Spermaflecken auf der Bluse, im Gesicht oder dem Kleid eine Bar besuchen.

#301 DER SPIEGEL

Keine

Viele Discotheken haben verspiegelte Böden. Die Person muss sich also mit auffallend gespreizten Beinen für eine längere Zeit auf eine solche Spiegelfläche stellen. Sie trägt dabei einen kurzen Rock aber keinen Slip.

#302 PINKY

Haarfärbemittel

Bei dieser Aufgabe muss die Person ihre Schamhaare in einer auffälligen Farbe färben. Dann besucht man mit der Person eine öffentliche Sauna oder einen Nacktbadestrand.

#303 BEI IKEA

Keine

Die Person muss sich Irgendetwas bei IKEA aussuchen und sich heimlich anal oder vaginal einführen. Achtet dabei aber auf Kameras und andere Besucher. Bevor ihr durch die Kasse geht, solltet ihr die Ware aber wieder herausnehmen und bezahlen. Cremt euch am besten vorher die entsprechende Körperöffnung gut mit Gleitmittel ein.

Risiken: Erregung öffentlichen Ärgernisses

304 DRECKIGE STEINE MIT MUND AUFSAMMELN LASSEN

Keine

Bei dieser Aufgabe lasst ihr die Person im Garten oder irgendwo Outdoor dreckige Steine, herunter gefallene Kastanien o.ä. mit dem Mund aufheben und in einen Eimer legen. Vielleicht sammelt ihr ja im Herbst Kastanien im Park? Früh morgens am Sonntag ist dort meistens nichts los und man kann vielleicht sogar das eine oder andere Kleidungsstück ablegen.

Risiken: Erregung öffentlichen Ärgernisses

305 DER BADEBEKLEIDUNGS-EINKAUF

Keine

Es ist Sommer, die Sonne brennt und es ist warm. Doch einkaufen gehen muss man trotzdem. In diesem Fall wird die Person das allerdings im Bikini oder in der Badehose machen. Bitte besucht nicht das Shoppingcenter um die Ecke bei dem ihr normalerweise immer einkaufen geht ... Nicht dass ihr Hausverbot bekommt, oder seltsame Blicke von den Nachbarn erntet.

Risiken: Erregung öffentlichen Ärgernisses

306 BAGGERSEE

Keine

Bei dieser Aufgabe muss die Person auf der Liegewiese eines Badesees oder des Freibads in Grundstellung neben ihrem Herrn oder der Herrin knien (Kniend, Hände auf Oberschenkel, mit Handflächen nach oben).

307 KLANGKUGEL IM HALLENBAD

Klangkugel

Bei dieser Aufgabe geht man mit der Person in einem Frei- oder Hallenbad schwimmen. Die Person trägt dabei aber Klangkugeln, die beim Gehen und Schwimmen leise Töne von sich geben.

308 CAMELTOE SPAZIERGANG

Enge Leggins

Cameltoe (englisch wörtlich für «Kamelzehe») bezeichnet in der amerikanischen Umgangssprache die Verformung der Kleidung im Schritt bei Frauen, die bei sehr eng getragener Kleidung auftreten kann und einem «W» gleich.
Bei dieser Aufgabe geht man also spazieren. Die Person trägt dabei allerdings eine knallenge Leggins, welche die Scham abbildet und tief einschneidet. Entgegenkommende (männliche) Spaziergänger werden sich freuen.

309 CAMELTOE SPAZIERGANG DIE ZWEITE

Keine

Wieder geht man mit der Person spazieren. Sie trägt einen kurzen Rock aber keinen Slip. Als Slip-Ersatz wird ihr ein eng anliegendes Seil angelegt, das tief in ihre Scham einschneidet. Hierzu nimmt man ein etwa 4 Meter langes Seil doppelt. Man legt dann das Seil um den Bauch, so dass die Schlaufe vorne ist. Die beiden Seilenden werden nun durch diese Schlaufe gezogen und das ganze wird mit einem Knoten gesichert. Nun führt man die beiden Seilenden zwischen die Beine und den Schamlippen hindurch nach hinten und befestigt die Seilenden an der Bauchschleife. Das ganze muss wirklich fest angezogen werden. Schon nach wenigen Hundert Metern reibt das Seil ziemlich heftig.

FREMDE HAUT – MITSPIELER ERWÜNSCHT

Für viele Menschen findet Erotik nur in der Beziehung statt – zumindest wird dies nach außen hin so dargestellt.

Die offiziellen Zahlen von Scheidungen, außerehelichem Sex und die Zahl der Prostituierten lassen aber ein anderes Bild entstehen.

Das Internet bringt dieses erotische Weltbild aber langsam zum Einstürzen.

Immer mehr Menschen beginnen, offen über Polyamorie, offene Beziehungen, Cuckolding, Wifesharing , Swingerclubs, Erotikpartys, Partnertausch und Friends with benefits zu sprechen. In Erotikkommunities finden sich Tausende, die Erotik nicht nur mit dem eigenen Partner ausleben, sondern ihren Sex durch das Hinzunehmen anderer Personen bereichern – sei es getrennt oder zusammen.

Ich möchte an dieser Stelle auch meine eigenen Erfahrungen einbringen, auch wenn dies in einem Sachbuch eigentlich nichts zu suchen hat.

Aber ich glaube es ist hilfreich um diese Spielart besser zu verstehen.

Ich wuchs in einem ganz normalen Elternhaus im guten Mittelstand auf und bin daher auch mit ganz normalen Werten erzogen worden. Im sexuellen Bereich wurde ich einigermaßen aufgeklärt und es war klar, dass man Sex eben nur mit dem Partner hat.

Warum das so ist, konnte beziehungsweise wollte mir niemand erklären. Ok, ich habe dies auch nicht weiter hinterfragt, weil es mir so als richtig erschien.

So weit so gut.

Mit 13 bekam ich meine erste Erektion und ab sofort war die Selbstbefriedigung mein liebstes Hobby. Schon damals dreh-

ten sich meine Fantasien um BDSM. Es war mir klar, dass dies keine übliche Neigung war, ich hatte aber auch nie Probleme damit.
Nur die Partnersuche gestaltete sich schwierig.
Mit den Zeiten des Internets eröffneten sich aber rasch neue Möglichkeiten und so dauerte es nicht lange, bis ich erste Erfahrungen sammeln konnte.
Ich verschlang Bücher («Die Geschichte der O» usw.) und schließlich kam mir der Gedanke, dass es doch toll wäre, auch mal mit einer anderen Frau BDSM/Sex auszuleben, als mit der aktuellen Partnerin. Zum Glück war ich so mutig, dies bei ihr anzusprechen und ging durch offene Türen.
Rasch fanden wir ein ansprechendes Paar und trafen uns.
Wir waren uns sympathisch und im ersten Schritt begannen wir eher nebeneinander und jeder mit der eigenen Partnerin «rumzumachen».
Es war ein etwas komisches Gefühl beobachtet zu werden und als Mann hatte ich auch etwas mit Versagensängsten zu kämpfen.
Zum Glück hat es aber gut geklappt.
Beim nächsten Mal wurden wir schon etwas mutiger- Petting über Kreuz, aber noch ohne Sex.
Als V. meine damalige Freundin streichelte, kam schon etwas Eifersucht hoch, aber ich bekam im Gegenzug ja auch etwas sehr Schönes und so war die Lust größer als die Eifersucht.
Dann der erste Sex (in getrennten Räumen).
Fantastisch!
Mittlerweile kannte man sein Gegenüber schon etwas besser und auch die vielen Gespräche davor und danach waren hilfreich. Ich denke Kommunikation und Ehrlichkeit sind das absolute Muss, wenn man die Beziehung gegenüber anderen öffnen möchte.
Ganz wichtig ist es, dass man es langsam angehen lässt. Hier ist immer derjenige ausschlaggebend, der mehr Zeit benötigt.

Was überhaupt nicht funktionieren wird, ist das Überreden des Partners oder wenn eine(r) aus Liebe weiter geht, als er/sie eigentlich will.
Da ist rasch die ganze Beziehung zum Scheitern verurteilt.
Aber was ich eigentlich für mich erfahren habe ist, dass unsere Sexualmoral anerzogen ist. Kann man sich davon lösen, steht einem eine fantastische Welt offen.
Mittlerweile bin ich absolut eifersuchtsfrei und meine Frau und ich genießen unsere Freiheiten seit vielen Jahren.
Doch beenden wir diesen kurzen Exkurs und kommen wir zum eigentlichen Thema- den Aufgaben und Strafen unter Einbeziehungen anderer.

#310 NACKTBESUCH

Keine

Bei dieser Aufgabe muss die Person einen Bekannten benennen, den sie nur mit einem Mantel bekleidet besucht um dort einen gemütlichen Abend zu verbringen. Die Bekannte darf dabei kein aktueller oder ehemaliger Sexualpartner sein. Natürlich legt sie den Mantel dort dann ab und macht ein Selfi von sich und dem Bekannten.

#311 LUFTBALLON MIT URIN

Luftballons

Bei dieser Aufgabe benötigt man einen Mitspieler. Es werden dann mehrere Luftballons mit Urin gefüllt und verknotet. Jeder der beiden bekommt die gleiche Anzahl an gefüllten Luftballon. Nun müssen sich die beiden Personen abwechselnd mit den Luftballons bewerfen. Ziel ist es natürlich, dass die Luftballons beim Aufprall kaputt gehen. Wenn eine Person einen der Luftballons fangen kann, kann sie ihn natürlich zurückwerfen. Alternativ kann auch der Aufgabensteller die Person mit den Luftballons bewerfen.

#312 BLASDIENST

Keine

Bei dieser Aufgabe muss die Person per Kontaktanzeige einen Mann suchen, der die Person dabei fotografiert, wie sie dessen Schwanz bläst.

#313 FREMDFOTO

Fotoapparat

Aufgabe: Mache eine Foto davon, wie du deine Pussy möglichst weit auseinander ziehst.
Das Bild (eine Nahaufnahme) schickst du mir UND an folgende eMailadresse.
Du schreibst dem Fremden dazu, warum du so etwas Peinliches machst und welches Schimpfwort für dich das passende wäre.
Ob hinter der eMailadresse wirklich ein Fremder oder der Aufgabensteller steckt, überlasse ich euch.

#314 FUSSBALL, BIER UND BLOWJOB

Fernsehapparat, Bier

Bei dieser Aufgabe muss die Person während einer Fußballübertragung alle anwesenden Personen mit Bier und Snacks bedienen. Dies hat in äußerst reizvoller Bekleidung oder nackt zu geschehen. Natürlich steht sie auch als Pausenprogramm (Blowjob!) zur Verfügung.

315 FREMDGESTEUERTES VIBROEI

Vibro-Ei

Bei dieser Aufgabe wird der Person ein ferngesteuertes Vibro-Ei anal oder vaginal eingeführt. Dann geht man mit der Person shoppen. Plötzlich vibriert es fürchterlich und die Person erschrickt. Der Aufgabesteller steht neben der Person und hat offensichtlich keine Fernbedienung in der Hand.
Es muss also ein Fremder sein – doch wer?

316 MIT VERBUNDENEN AUGEN

Augenbinde

Bei dieser Aufgabe wird die Person mit verbundenen Augen durch eine Fußgängerzone geführt. Das allein ist schon sehr peinlich, allerdings ist es noch viel peinlicher, wenn sie dann von vermeintlich Fremden unsittlich berührt wird. Diese Fremden sind natürlich eingeweihte Bekannte und das unsittliche Berühren findet auch so statt, dass die Öffentlichkeit nichts davon mitbekommt. Hierfür könnt ihr in einen Hauseingang verschwinden oder in ein Treppenhaus gehen.

317 FRAUENFILM, SEKT UND …

Fernsehapparat, Sekt und Pralinen

Diese Aufgabe ist quasi die weibliche Ausgabe von Aufgabe 304. Bei dieser Aufgabe muss die Person während einer typischen Frauensendung (GNTM, Sex in the City, ...) alle anwesenden Frauen mit Sekt und Snacks bedienen. Dies hat in äußerst reizvoller Bekleidung oder nackt zu geschehen. Natürlich steht die Person auch hier als Pausenprogramm zur Verfügung.

318 STRICHLISTE

Roter und schwarzer Filzstift

Bei dieser Aufgabe muss die Person in einen Swingerclub, eine Schwulenbar oder auf eine Erotik-Party gehen und zwei verschiedenfarbige (zum Beispiel rot und schwarz) Filzstifte mitnehmen. Rot bedeutet dabei «angefasst», schwarze bedeutet «penetriert». Ihre Aufgabe ist es nun, möglichst viele Sexualpartner zu finden. Der Sexualpartner muss nun (nachdem er seinen Spaß hatte) entweder einen roten oder einen schwarzen Strich machen- und zwar an der Stelle, die davon betroffen war.
Bei Oralverkehr wird der Strich dann neben dem Mund gemacht, bei Analverkehr auf die Pobacke usw.

So werden nach und nach rote und schwarze Striche den Körper übersäen und zwar hauptsächlich am Mund, den Brüsten, dem Po, Penis, Hoden und der Scham. Alternativ kann man auch festlegen, dass jeder Sexualpartner auf dem Körper unterschreibt.

319 DER DREIER ZU ZWEIT

Keine

Bei dieser Aufgabe muss die Person zuschauen, wie der Aufgabensteller Sex mit einer/einem anderen hat. Diese Aufgabe geht in Richtung «Cuckolding», einer besonderen Form der Sexualität. Bei Cuckolding verspürt der Mann Lust (aber auch Demütigung), wenn seine Partnerin Sex mit anderen hat. Er selbst darf maximal zuschauen und ist für die Bequemlichkeit seiner Frau und ihres Lovers zuständig.

Achtung: Solche Aufgaben/Strafen solltet ihr vorher thematisiert und beidseitig abgenickt haben, damit eure Beziehung nicht darunter leidet.

320 EIN FOTO VOM FREMDGEHEN

Smartphone

Auch diese Aufgabe geht in Richtung Cuckolding.

Doch nun ist der Aufgabensteller selbst aktiv. Der Aufgabensteller geht in diesem Fall fremd und schickt davon ein oder mehrere Fotos der Person per SMS zu. Die Fotos können während des Liebesaktes oder davor und danach entstehen. Auf den Bildern muss einfach nur zu erkennen sein, dass der Aufgabensteller sich in einer erotischen Situation befindet. Diese Aufgabe beinhaltet sowohl Strafe als auch Lustgewinn für die Person.

321 AUSLECKEN

Keine

Auch diese Aufgabe geht in Richtung Cuckolding.
Bei dieser Strafe muss die Person zuerst dabei zuschauen, wie der Aufgabensteller Sex mit einem/einer anderen hat. Danach muss sie dann die Scham oder Penis des Aufgabenstellers beziehungsweise des Lovers auch noch sauberlecken. Alternativ trifft sich der Aufgabensteller alleine mit dem Lover und lässt sich nach der Rückkehr Scham oder Penis sauberlecken.

Risiken: Gering, aber geringes Restrisiko sich mit einer Geschlechtskrankheit anzustecken.

322 WETTBEWERB DER PEITSCHEN

Zwei gleiche Riemenpeitschen

Bei dieser Aufgabe werden zwei Personen mit einem kurzen Seil miteinander verbunden. Dabei wird die linke Hand der einen Person mit einem Seil an die linke Hand der anderen Person gefesselt. Zwischen den Händen sollte dann circa 0,5 bis einen Meter Platz sein. Nun müssen sich die beiden Personen abwechselnd mit der Riemenpeitsche auf Rücken, Po oder Beine schlagen. Das geht solange, bis eine Person aufgibt. Der Sieger bekommt eine Belohnung, der Verlierer eine weitere Strafe. Idealerweise nimmt man hierzu ganz weiche und wenig schmerzhafte Peitschen, da sonst die Aufgabe nach wenigen Schlägen wohl beendet ist.

323 PORNOKINO

Keine

Bei dieser Aufgabe wird die Person in ein Pornokino gebracht. In den meisten Pornokinos ist es durchaus möglich, auch sexuell aktiv zu werden. Ist die Person noch etwas unsicher oder schüchtern ist ein solches Kino eine gute Möglichkeit, fast anonym in der Dunkelheit erste erotische Erfahrungen in der Öffentlichkeit zu erleben. Das kann bei einfachem Petting beginnen und endet beim Geschlechtsverkehr bzw. dem Einbinden Fremder.

Man kann die Person dann zum Beispiel anweisen, ihre Brüste zu entblößen, Oralverkehr auszuüben oder einen Fremden zu berühren bzw. berührt zu werden.

324 MODENSCHAU

Reizwäsche

Diese Aufgabe eignet sich besonders für Männer, aber auch für schamhafte Frauen ist es durchaus eine Herausforderung. Die Person muss also vor Publikum eine Reizwäsche-Modenshow veranstalten. Sie muss laufen wie ein Model, sich drehen und die Kleidung von allen Seiten präsentieren. Idealerweise ist die Reizwäsche mehr entblößend als verdeckend und die Schuhe haben natürlich besonders hohe Absätze. Das Publikum darf ebenfalls nicht mit bösen Kommentaren sparen ...

325 DIE REIHENFOLGE

Keine

Bei dieser Aufgabe benötigt man viele Mitspieler. Daher ist es am besten in einen Swingerclub zu gehen. Jeder, der bei diesem Spiel mitmachen möchte, schreibt seinen Namen auf einen Zettel, faltet diesen zusammen und legt ihn in eine Schale. Zusätzlich schreibt der Mitspieler auf den Zettel, was er gerne mit der Person machen möchte (Tabus vorher abklären). Die Person muss nun nach und nach die Zettel ziehen, den Namen laut vorlesen und dann dem glücklichen Gewinner seinen Wunsch erfüllen.

326 GOGO TANZ

Keine

Bei dieser Aufgabe muss die Person einen heißen GoGo-Tanz aufführen. In vielen Clubs, Bars oder Swingertreffs gibt es eine Tanzstange, die man dafür verwenden kann.
Das Outfit ist dabei kurz, knapp und sexy.
Gerade für Männer oder ungeübte Tänzer wird das rasch zur Tortur, sollten die anderen Anwesenden ihre Aufmerksamkeit dem Tanze zuwenden.

327 DIE SCHLAMPEN-VISITENKARTE

Eine Visitenkarte

Bei dieser Aufgabe muss die Person Visitenkarten mit dem Aufdruck «Schlampe», «Bückstück» oder «Hurenbock» sowie ihrer

Telefonnummer ausdrucken. Im Schreibwarenhandel gibt es entsprechende Vorlagen dafür.
Diese Karte muss die Person in der Öffentlichkeit einem Fremden übergeben. Danach entfernt sich die Person wieder und wartet ab, was beziehungsweise ob eine Reaktion erfolgt. Bitte diese Aufgabe nur in einer fremden Stadt und nicht in der Stammkneipe durchführen.

328 DER WUNSCH-FICK

Keine

Bei dieser Aufgabe darf sich die Person einen Wunschsexpartner aussuchen. Dies funktioniert allerdings nur in einem entsprechenden Umfeld wie zum Beispiel in einem Swingerclub oder auf einer Erotikparty. Dies in der Nachbarschaft oder im Freundeskreis zu machen ist nicht unbedingt ratsam.

329 KRABBELSACK

Ein Sack mit Löchern

Diese Aufgabe bedarf etwas Vorbereitung. Zuerst muss ein Stoffsack genäht, beziehungsweise besorgt werden, in den die Person

hineingesteckt werden kann. Zudem müssen etliche Schlitze angebracht werden, durch die man hindurchgreifen kann.
Nun steckt man die Person mit auf dem Rücken gefesselten Händen (Keine Handschellen benutzen) hinein und verschließt den Sack.
Jetzt treten die Mitspieler in Aktion und greifen die Person an den intimsten Stellen an. Hierfür schieben sie ihre Hände durch die Schlitze und reizen und piesacken sie. Zwischendurch kann man die Person auch einfach liegen lassen. Das Warten macht das Empfinden noch intensiver. Ab und an kann man auch den Sack mit Füßen treten oder ihn herumrollen.

330 DER LUFTBALLON

Gasgefüllter Luftballon

Bei dieser Aufgabe besucht man mit der Person eine Erotikparty oder einen Swingerclub. Dort angekommen, muss sich die Person entkleiden. Nun befestigt man den Luftballon an ihrer Brustwarze, dem Penis oder der Scham. Besonders geeignet sind natürlich auch Piercings. Nun muss die Person den ganzen Abend mit diesem Ballon herumlaufen.

331 ORGASMUSGESICHT

Keine

Bei dieser Aufgabe muss die Person einen Orgasmus vortäuschen. Wird diese Aufgabe virtuell gestellt, muss die Person es selbst fotografieren (im Spiegel) oder Skype nutzen. Besonders peinlich ist diese Aufgabe, wenn sie auf einer Party vor vielen Zuschauern gestellt wurde. Das Foto kann man dann auch öffentlich in einer Erotikcommunity zeigen.

332 BORDELLBESUCH

Keine

Bei dieser Aufgabe bekommt die Person einen Bordellbesuch spendiert. Allerdings sucht der Aufgabensteller die älteste und unansehnlichste Hure der Stadt aus.
Ob das funktioniert?

#333 HARDCORE-SHOOTING

Je nachdem

Bei dieser Aufgabe schreibt man in einer Foto- oder Erotik-Community ein «geführtes Privat-Shooting für Fotografen» aus. Themen dieses Shootings sind je nach Vorlieben:

- Erotische Spiele mit Toys
- Selbstbefriedigung
- BDSM-Szenarien (Klammern, Wachs usw.)
- Pinkshots (Pussybilder)

Oder was immer euch anmacht und erregt.
Für so einen Workshop kann man durchaus über 100 € pro Teilnehmer verlangen. Gerade für eher schüchterne Personen ist eine solche Aufgabe eine riesige Überwindung. Immerhin werden fremde Personen mit ihren Fotoapparaten vor ihr stehen, während sie nackt den Anweisungen folgen muss.

#334 GYNÄKOLOGISCHER STUHL UND DAS SCHILD

Kondome, Gynäkologischer Stuhl, Augenbinde

Bei dieser Aufgabe wird die Person mit verbundenen Augen auf einem gynäkologischen Stuhl fixiert. Es wird ihr ein Schild umgehängt auf dem geschrieben steht «Benutzen erlaubt».

Nun benötigt man noch Mitspieler, die sich nach und nach an der Person «vergehen». Diese Aufgabe kann man am besten in einem Swingerclub durchführen, da in einigen sowohl die Mitspieler als auch dein Gyn-Stuhl zur Verfügung stehen.

335 PANTOMIME

Beschriftete Karten

Bei diesem Spiel müssen im Vorfeld erotische Begriffe, Stellungen, Neigungen, Spielzeuge usw. auf Karten geschrieben werden. Diese legt man nun mit der Schrift nach unten auf den Tisch. Nun muss die Person eine Karte ziehen und den Begriff pantomimisch darstellen. Die anderen Mitspieler müssen erraten, was auf der Karte steht. Derjenige, der es als Erstes errät erhält einen Punkt. Sieger ist am Ende derjenige, der am meisten Punkte hat. Dieser darf nun bestimmen, was die Person als nächstes machen muss.

336 ANRUFEN!

Keine

Bei dieser Aufgabe muss die Person eine beliebige Person aus dem Telefonbuch anrufen. Zu Beginn des Gesprächs teilt sie dem Frem-

den am anderen Ende der Leitung mit, dass sie eine Wette verloren hat und nun Telefonsex mit einem Fremden haben muss. Sie fragt dann, ob die Person damit einverstanden ist.
Wenn ja, erzählt die Person eine erotische Fantasie und befriedigt sich dabei. Sagt der Fremde nein, muss man eine andere Nummer anrufen. Macht das aber unbedingt mit unterdrückter Nummer ...

337 FLIRTEN UND ANDERES

Mobiltelefon

Bei dieser Aufgabe muss die Person den Aufgabensteller anrufen und dann das Mobiltelefon in die Brusttasche stecken. Nun kann der Aufgabensteller mithören was gesprochen wird. Der Person werden nun kleine peinliche Aufgaben geben wie zum Beispiel:

- Flirte die Bedienung oder den Nebenmann/Frau an.
- Sage deinem Nebenmann am Tresen, dass er toll aussieht.
- Sage ganz laut, dass Du nun geil bist.
- Sage laut: «Ich bin eine Schlampe!»

Das ist ein Heidenspaß für den Aufgabensteller. Eventuell ist es besser, diese Aufgabe nicht in der Stammkneipe auszuführen.

338 FLIRTEN TEIL 2

Keine

Die Aufgabe besteht darin, dass die Person einen Fremden so lange anflirtet, bis er mit der Person Sex haben will. Aufgabensteller sitzt diskret daneben.
Am Ende sagt die Person zu dem Fremden «So, jetzt muss ich ficken», steht auf und nimmt den Aufgabensteller mit.

339 ÖFFENTLICHE STRAFE

Diverse

Diese Aufgabe eignet sich, ein Fehlverhalten in einem Swingerclub oder auf einer Erotikparty abzustrafen.
Hierbei wir der Person ein Schild um den Hals gehängt, auf dem das Vergehen beschrieben wird. Des Weiteren ist ein Hinweis zu lesen, dass jeder Gast der Person zum Beispiel fünf Ohrfeigen geben darf.
Ist es ein großes Event, kommen nach und nach ziemlich viele Ohrfeigen zusammen. Diese Strafe ist sowohl körperlich als auch emotional sehr belastend. Daher sollte der Aufgabensteller unbedingt bei der Person bleiben und das Ganze gegebenenfalls abbrechen.

340 SCHLAMPE

Keine

Bei dieser Aufgabe besucht man mit der Person eine Erotikparty oder einen Swingerclub. Dort muss sie ihre Brüste entblößen. Mit einem wasserfesten Stift schreibt man ihr quer über die Brust das Wort «Schlampe». Sie wird sicherlich viele Kommentare und Anzüglichkeiten ernten, was gerade für schüchterne Menschen wirklich eine Strafe ist.

341 RASTPLATZSPIEL

Keine

Diese Aufgabe ist recht aufwendig, weil das Timing stimmen muss. Es beginnt damit, dass man mit der Person nachts auf einen einsamen und leeren Autobahnrastplatz fährt. Dort sagt man der Person, dass sie sich vollständig zu entkleiden hat. Die Kleider muss sie auf den Rücksitz legen. Nun muss die Person aussteigen und die Beifahrertütre schießen. In diesem Moment verriegelt der Aufgabensteller die Türen und fährt davon.
Die Person ist nun nackt und alleine.
Da der Aufgabensteller sich wieder auf der Autobahn befindet, kann er auch nicht so einfach umdrehen. Der Person wird nun

klar, dass es einige Zeit dauern wird, bis der Aufgabensteller sie wieder einsammelt.
In diesem Moment nähert sich ein Fahrzeug dem Rastplatz.
Es ist allerdings ein Helfer, der die Person wieder einsammelt.
Eventuell muss der Helfer die Person suchen, da sie sich vielleicht versteckt hat.

342 HIGHHEEL-TIER

2 Paare High Heels

Bei dieser Aufgabe muss sich die Person High Heels anziehen. In ein zweites Paar der Heels steckt sie ihre Hände. Nun muss die Person eine bestimmte Zeit auf allen Vieren herumlaufen. Natürlich dürfen die Anwesenden die Person nach Herzenslust anfassen oder auch etwas piesacken.

343 DER FREMDE

Keine

Die Person wird angewiesen, eine Kontaktanzeige mit folgendem Text zu veröffentlichen:
«Ich werde am Samstag slipless unterwegs sein. Wer hat Lust das zu kontrollieren?»

Mit der ersten Person, die sich meldet muss sich die Person treffen und der Fremde darf das Röckchen heben und die Person auch intim berühren.

344 TAUZIEHEN

Eine Kette bzw. Schnur mit zwei Klammern

Für diese Aufgabe benötigt man zwei gut sitzende Klammern. Am besten verwendet ihr japanische Nippelklammern aus Metall. Diese verstärken unter Zug aufgrund eines Gelenks ihre Klammerkraft.
Die beiden Personen müssen sich nun je eine Klammer an ihrem Kitzler oder einer Schamlippe befestigen. Die Brustwarzen gehen natürlich auch. Sobald die beiden Klammern angebracht sind, müssen die Personen ein Tauziehen durchführen. In der Mitte zwischen den beiden Personen wird hierzu eine Linie auf dem Boden gezogen. Die Person, die diese Linie zuerst übertritt hat verloren und bekommt eine Strafe. Sollte eine Klammer vorher abrutschen, hat diese Person ebenfalls verloren.
Natürlich kann man eine ähnliche Aufgabe auch mit Männern durchführen. Beide Männer müssen sich dann ein Ende einer Schnur um den Hoden binden und verknoten. Dann erfolgt ebenfalls ein Tauziehen.

345 DIESE PERSON DARF HEUTE NICHT KOMMEN

Keine

Bei dieser Aufgabe geht man am besten in einen Swingerclub. Die Person bekommt auf den Körper folgenden Satz geschrieben: «Ich darf heute nicht kommen!»
Natürlich werden nun alle versuchen, der Person einen Orgasmus aufzuzwingen. Sollte sie entgegen der Aufgabe doch kommen, erfolgt eine Bestrafung.

346 UMKLEIDEKABINE

Keine

Bei dieser Aufgabe muss sich die Person mit einem Fremden in einer Umkleidekabine verabreden (Kontaktanzeige) und dort Badeanzüge anprobieren. Dort darf der Fremde beim Umziehen zur Hand gehen. Am besten vereinbart ihr ein eindeutiges Erkennungszeichen und trefft euch vor der Umkleidekabine.
Alternativ verabredet sich die Person mit einem Fremden in einem Hallenbad. Dieser Fremde darf mit ihr die Umkleidekabine und sie beim Umziehen beobachten. Ob man dem Fremden auch erlaubt, die Person zu berühren überlasse ich Euch.

347 DER KELLNER

Keine

Der Aufgabensteller und die Person waren etwas essen oder trinken und nun kommt der Zeitpunkt an dem die Zeche bezahlt werden muss. Die Person bekommt nun die Aufgabe, den Kellner zu überzeugen, dass sie die Zeche mit sexueller Dienstleistung bezahlen möchte.
Ob der Kellner darauf eingeht?
Natürlich kann man sich auch vorher mittels Kontaktanzeige einen Kellner suchen, der das Spiel mitmacht.

348 LECKEN UND BLASEN

Keine

Will man die Person an die gleichgeschlechtliche Liebe heranführen, kann man auch das mit einer Aufgabe machen. Die Person wird mit verbundenen Augen an ein Bett gefesselt. Die zweite Person betritt dann den Raum. Nun beginnen der Aufgabensteller und die zweite Person, die Person zu streicheln. Die Person kann sich hingeben und entspannen. Vielleicht merkt sie nicht einmal, dass die zweite Person vom gleichen Geschlecht ist. Irgendwann nimmt man ihr die Augenbinde ab.

#349 ZWANGS-HOMO AV

Keine

Bei dieser Aufgabe wird die Person von einem zweiten Mann anal (AV = Analverkehr) genommen, während sie gefesselt auf einem Bett liegt. So eine Aufgabe wird im Normalfall Teil einer BDSM Inszenierung sein. Klärt das aber vorher gut ab, damit es nicht zu einem Abbruch kommt. Verwendet auch reichlich Gleitgel.

#350 DARKROOM

Keine

Bei dieser Aufgabe besucht man mit der Person einen sogenannten Darkroom. Diese gibt es in Swingerclubs und Schwulenbars. Ein Darkroom ist ein komplett verdunkelter Raum. Wenn man ihn betritt, muss man damit rechnen, von Fremden intim angefasst zu werden oder zum Geschlechtsverkehr/Petting eingeladen zu werden. Trotzdem ist es auch in einem Darkroom kein Muss mitzumachen.

#351 WECHSELSEITIG

Keine

Bei dieser Aufgabe muss man sich zuerst ein Paar suchen, das dieses Spiel mitmacht.

Bei diesem Spiel bestimmt dann der jeweils andere Aufgabensteller über die Sexualität der Person. Also Aufgabensteller von Paar 1 bestimmt über die Person von Paar 2. Was darf der jeweilige Aufgabensteller bestimmten? Nun, das hängt natürlich von Euch ab. Beispiele wären:

- Alle Aufgaben aus meinen Büchern.
- Wann die Person sich selbst befriedigen darf.
- Was die Person mit dem eigenen Aufgabensteller machen muss (Blowjob, Sex usw.).
- Verbote aussprechen.

So gesehen steuert der eine Aufgabensteller die Person des anderen fern.

Allerdings solltet ihr euch im Vorfeld genau abstimmen, wie weit das gehen darf.

352 TAGESPLAN

Keine

Für diese Aufgabe benötigt man einige Mitspieler. Der Aufgabensteller muss nun festlegen, was er mit jeder dieser Personen tun muss. Das kann im Rahmen einer Party geschehen, aber auch im Rahmen von persönlichen Besuchen bei den Mitspielern.
Der Aufgabensteller gibt der Person eine Liste mit allen Mitspielern, ggfls. Telefonnummern um Termine zu vereinbaren und der Aufgabe. Diese Liste könnte wie folgt aussehen.

Aufgabe:
Mitspieler:
Telefonnummer:
Erfüllt (Unterschrift):

Beispielaufgaben:

- Nur mit einem Mantel bekleidet besuchen und dann den Abend mit dieser Person verbringen (ohne SEX usw.)
- Blowjob geben
- Sex haben
- Nackt putzen
- Nackt bekochen lassen
- Analverkehr haben
- Abgreifen lassen
- 20 Rohrstockhiebe geben lassen
- Spanken
- Vor dem Mitspieler pinkeln

Dabei ist es wichtig, dass es nur um diese Aufgabe geht. Die Person besucht also den Mitspieler, erfüllt die Aufgabe und geht wieder. Natürlich muss sich die Person die Erfüllung der Aufgabe auf der Liste abzeichnen lassen und dafür sorgen, dass auch Fotos existieren.

#353 TELEFONSEX

Keine

Bei dieser Aufgabe ruft die Person eine Telefonsex-Hotline an und muss sich während des Gesprächs selbst befriedigen. Der Aufgabensteller schaut dabei genüsslich zu.

#354 LECKDEMONSTRATION

Banane, Gurke, Pfirsich, Melone

Bei dieser Aufgabe muss die Person vor anderen Leuten zeigen, wie sie einen Schwanz bläst oder eine Pussy leckt und zwar möglichst authentisch.
Den Penis ersetzt dabei eine Gurke oder eine Banane, die Scham der Frau wird durch einen halben Pfirsich simuliert.

#355 FREMDRASUR

Rasierer

Bei dieser Aufgabe muss sich die Personen über eine Kontaktanzeige einen Fremden suchen, der sie im Intimbereich rasiert.

#356 DER SACK

Turnbeutel oder Sack

Bei dieser Aufgabe werden der Person die Augen verbunden. Dann muss sie Sex mit einem Fremden haben. Die Person darf diesen Fremden weder vorher noch nachher zu Gesicht bekommen.

#357 PARKAUTOMAT

Keine

Bei dieser Aufgabe muss die Person einen fremden Mann ansprechen und ihn um Parkmünzen bitten. Als Gegenleistung darf er ihr kurz in den Schritt oder die Bluse greifen.

Beispieltext: «Hallo, das ist mir jetzt echt peinlich, aber ich habe meinen Geldbeutel vergessen und keine Münzen für den Parkautomat. Würdest Du mir das Parkticket bezahlen, wenn ich dir meine Brüste zeige oder du mir unter den Rock greifen darfst?»

358 NACKT TWISTER SPIELEN

Twister (Gesellschaftspiel)

Viele von Euch kennen das Gesellschaftsspiel Twister. Wenn nicht, dann schaut kurz im Internet nach.
In diesem Falle wird das Spiel von 3 Paaren gespielt. Die Aufgabensteller machen allerdings nicht mit, sondern ergötzen sich an dem Anblick nackter Körper, die sich verrenken.

359 VOLKSFESTFUMMELN

Keine

In diesem Falle besucht man mit der Person ein gut gefülltes Bierzelt. Dort sucht man sich einen Tisch an dem auch schon andere sitzen. Idealerweise ist schon das eine oder andere Bier geflossen. Die Person sucht sich nun einen Fremden aus und kommt mit ihm

ins Gespräch. Irgendwann flüstert sie diesem Fremden folgenden Satz ins Ohr.
«Ich trage keine Unterwäsche. Magst Du mir mal unter den Rock greifen?»
Ob der Fremde es wohl macht?

360 AGEPLAY

Keine

Bei dieser Aufgabe muss die Person ein sogenanntes Ageplay machen. Ageplay (Altersunterschiedspiel) beschreibt eine sexuelle Variante bei der der Sexualpartner deutlich jünger oder älter ist. Die Person muss sich also über eine Kontaktanzeige einen entsprechenden Sexualpartner suchen, bei dem der Altersunterschied mindestens 15 Jahre beträgt.

361 ABENDS AUF DEM AUTOBAHNPARKPLATZ

Edding

Bei dieser Aufgabe muss die Person abends auf einen LKW Rastplatz gehen. Dort bittet sie die anwesenden LKW-Fahrer darum, auf ihren nackten Körper zu unterschreiben. Wo überlässt sie dabei dem LKW Fahrern. Der Aufgabensteller sollte aber in der Nähe sein und aufpassen, dass nichts passiert.

362 DIE GUTE TAT

Keine

Es gibt Menschen, die aus bestimmten Gründen (z.B. bei Behinderungen) keine Sexualität ausleben können. Diese Aufgabe besteht nun darin, sich eine solche Person per Kontaktanzeige zu suchen und in irgendeiner Form Sex mit ihm/Ihr zu haben. Das kann vom reinen Zeigen, über Anfassen bis hin zu richtigem Geschlechtsverkehr gehen. Wie weit das gehen soll, überlasse ich natürlich Euch.

363 FAKETAXI

Keine

Für diese Aufgabe müsst ihr Euch einen Chauffeur (per Kontaktanzeige) oder netten Taxifahrer suchen. Während ihr Euch durch die Gegend chauffieren lasst, habt ihr Sex auf der Rücksitzbank. Der Fahrer darf im Rückspiegel zuschauen. Nehmt ein Handtuch zum Darunterlegen mit.

364 KLAMMERSPIEL

Viele Klammern und Schnüre

Bei dieser Aufgabe wird die Person stehend gefesselt (Deckenhaken), mit verbundenen Augen und nackt in die Mitte eine Raumes gestellt. Nun werden der Person von den Mitspielern je zwei Klammern am Körper befestigt. An diesen Klammern befinden sich etwa zwei Meter lange Schnüre. Sind alle Klammern befestigt, dürfen die Mitspieler sie mittels Zug an den Schnüren nach und nach (oder alle auf einmal) vom Körper abreißen.

365 DAS SCHICKSALSSPIEL

Keine

Irgendwo in der S-Bahn oder sonst wo einen Brief hinterlegen mit der Aufschrift «Für Dich, bitte öffnen».
Darin steht folgender Text.
«Hallo, ich bin eine Frau/Mann (Alter, Größe, Gewicht) und wage den Versuch, dem Schicksal die Möglichkeit zu geben, mir einen Menschen zuzuführen. Die Idee ist es, dass der Finder dieses Briefes am ... zu folgendem Ort kommt ... Sollten wir uns sympathisch sein, würde ich mit Dir in ein Hotel gehen ... Hast Du kein Interesse an diesem Schicksalsspiel, so lege den Brief bitte wieder dorthin, wo Du ihn gefunden hast.»

Alternativ:
«Hallo, ich bin eine Frau/Mann (Alter, Größe, Gewicht und wage den Versuch dem Schicksal die Möglichkeit zu geben mir einen Menschen zuzuführen. Schreib mir eine eMail an ... und lass uns ausloten, ob wir uns sympathisch sind. Sollte das der Fall sein, würde ich mit Dir in ein Hotel gehen ... Hast Du kein Interesse an diesem Schicksalsspiel, so legen den Brief wieder dorthin, wo Du ihn gefunden hast.»

Natürlich kann man auch bestimmte Kriterien festlegen, der die Finder erfüllen muss wie (Alter, Größe, Gewicht usw.)
Und es muss ja auch nicht das Hotel sein. Alternative kann man dem Finder auch andere Dinge anbieten zum Beispiel:
- Blowjob in der Tiefgarage
- Dass er die Person überall anfassen darf

SO,

das war die letzte Aufgabe und das Buch kommt nun langsam zu seinem Ende.
Ich hoffe Euch einige Anregungen gegeben zu haben, möchte aber nochmals darauf hinweisen, dass ich keine Haftung für euer Tun übernehme. Geht mit gesundem Menschenverstand an die Sache heran, macht nur Dinge, die ihr könnt und beherrscht, zwingt niemanden zu etwas und achtet auf eure Sicherheit und darauf, dass ihr niemanden belästigt. Am Ende soll es allen Beteiligten Spaß gemacht haben und niemand soll sich gestört fühlen.

Ach ja, ich freue mich über die Zusendung von euren Beweisfotos zu den einzelnen Aufgaben an woschofius@woschofius.de.

Nachfolgend noch ein paar nützliche Informationen.

Viel Spaß!

Woschofius

NÜTZLICHE INFORMATIONEN

Literaturhinweise

SM-Handbuch von Matthias Grimme
Bondage Handbuch von Matthias Grimme
Bondage Handbuch Teil 2
Die Geschichte der O von Pauline Reage

Musik des Autors für einen erotische Abend

Purgatorium (CD und MP3)
Höllentor (MP3)
Mondgesänge (CD ausverkauft, MP3)
Der Marquis

Weitere Bücher des Autors

Höllentor (Fotoband mit Novelle)
Luzidus (Fotoband mit Novelle)
Tortura Fortunae (SM-erotischer Roman)
Tortura Insomniae (SM-erotischer Roman, Fortsetzung)
Tag und Nachtwaerke (Mit Kurzgeschichten)
Buch der Strafen (Sachbuch)

HANDBUCH DER EROTISCHEN SZENARIEN...

WOSCHOFIUS

«Wenn Sie dieses Buch durchgespielt haben, war Ihr Sex wirklich schmutzig, aber auch sensationell gut!»

Der Lustgewinn und der Spaß am erotischen Spiel steht im Mittelpunkt von Woschofius' Schaffen. So auch in diesem Buch, in dem 75 anregende, heiße und spannende Szenarien und Rollenspielldeen darauf warten, von Dir entdeckt und ausprobiert zu werden.

Woschofius ist weithin bekannt, unter anderem durch seine zahlreichen Bestseller, wie «Das Buch der Strafen» Teil 1 und 2, welche beide seit Jahren die Bestsellerlisten auf Amazon anführen. Mit diesen Klassikern bewies der Autor sein Talent dafür, Spaß und Feuer in die Schlafzimmer dieser Welt zu bringen.

Woschofius achtet immer darauf, dass für jeden etwas dabei ist. Hier geht es einerseits um das sanfte erotische Knistern, für die erfahreneren gibt es aber auch gewagte, heiße Rollenspiele, die etwas Mut bedürfen.

Genieße die 75 kreative, erotische Szenarien und Rollenspiele und finde Dein liebstes Setting, erweitere die vorgegebenen Spiele durch Deine Fantasien weiter und erfülle Dir Deine erotischen Träume!

Taschenbuch 12 x 18 cm, 208 Seiten
ISBN: 978-3-86608-161-1

MARQUIS
LADY LUCY
STRICTLY LIMITED!
MARQUIS
JASMINE JAMES
SWEET SEVERINE
GIULIA GOES BLACK!
KURAGE
THE HOTTEST SHOW ON EARTH
WWW.MARQUIS-MAGAZINE.COM